玻尔传

邹丽焱◎著

时代文藝出版社

图书在版编目（CIP）数据

玻尔传 / 邹丽焱著. —长春：时代文艺出版社，2012.4（2021.5重印）
（诺贝尔奖获奖者传记丛书）

ISBN 978-7-5387-3915-2

Ⅰ.①玻… Ⅱ.①邹… Ⅲ.①玻尔，N.（1885～1962）－传记 Ⅳ.①K835.346.11

中国版本图书馆CIP数据核字（2011）第272866号

出 品 人　陈　琛
责任编辑　余嘉莹
装帧设计　孙　利
排版制作　隋淑凤

玻尔传

邹丽焱 著

出版发行 / 时代文艺出版社
地址 / 长春市福祉大路5788号　龙腾国际大厦A座15层　邮编 / 130118
总编办 / 0431-81629751　发行部 / 0431-81629755
官方微博 / weibo.com / tlapress　天猫旗舰店 / sdwycbsgf.tmall.com
印刷 / 保定市铭泰达印刷有限公司
开本 / 710mm×1000mm　1 / 16　字数 / 130千字　印张 / 12
版次 / 2012年4月第1版　印次 / 2021年5月第3次印刷　定价 / 29.80元

授奖辞

Award-winning Remarks

他对原子结构以及由原子发射出的辐射的研究。

——诺贝尔奖委员会

目录 Contents

序言　一个影响了世界的探索者 / 001

第一章　孕育天才的童年

1．家族渊源 / 002

2．家庭熏陶与良好的教育 / 005

3．天才少年的成长 / 013

第二章　初露锋芒

1．第一篇获奖论文 / 024

2．求学寻师的曲折 / 028

3．玻尔的贤内助 / 037

第三章　远大志向与不邂追求

1．恩师卢瑟福 / 042

2．找到创建量子力学的突破口 / 049

3．玻尔震惊了世界 / 055

4．功不可没的实验 / 063

5．成功问鼎诺贝尔奖 / 069

第四章　生命的颠峰

1．玻尔研究所 / 076

2．对应理论催生量子力学的变革与发展 / 084

3．量子力学史上的"华山论剑" / 089

4. 哥本哈根精神 / 098

5. 中国情结 / 102

第五章　大师的足迹

1. 救援受纳粹迫害的科学家 / 110

2. 被迫离开祖国 / 115

3. 桃李满天下 / 120

4. 与海森伯的恩怨情结 / 127

5. 原子弹与和平利用核能 / 144

6. 永远活在世人心中 / 158

附　录

玻尔生平 / 162

获奖辞 / 167

获奖时代背景 / 171

玻尔年表 / 174

获奖当年世界大事记 / 177

在20世纪初的科学史中，物理学界翻开了崭新而辉煌的一页，诞生了量子力学。它的应用，给人类社会带来了一场伟大的技术革命，电子显微镜、集成电路、半导体、激光器、核能等实际应用，可以说改变了世界，也改变了人们的世界观和生活方式。同时，量子力学还应用于超导、磁性、放射性以及化学、生物学理论和实际研究中。这一切成就首先应归功于丹麦物理学家——尼尔斯·玻尔。

虽然在世界物理学家的行列中，人们听得最多的名字是爱因斯坦。当然，作为历史上杰出的物理学家，他是人类智力高峰的代表。但是，有许多物理学家却认为，玻尔对世界的贡献在某种程度上说，比爱因斯坦更大。

德国物理学家、1932年诺贝尔物理学奖得主海森伯说："玻尔对我们这个世纪的物理学和物理学家的影响比任何人都大，甚至大过阿尔伯特·爱因斯坦。"另一位德国物理学家、1954年诺贝尔物理学奖得主玻恩也说过："玻尔对我们时代的理论和实验研究的影响，大于任何其他物理学家。"还有一位美国物理学家、1946年诺贝尔物理奖得主布里奇曼，在1924年给朋友的信中这样写道："在欧洲，玻尔几乎被当做一尊科学上帝敬奉着。"

在那个物理学的黄金时代，成就不断、人才辈出，再加上量子学说本身的高难和深奥，致使普通大众对玻尔知道得很少。

玻尔青年时代，就表现出远大的志向和非凡的目光。他在物理学理论的应用过程中，发现了某些不足和矛盾的地方，就立志要解决这个问题。经过不懈地努力，他第一次正确揭示了原子内部结构，引起了世界科学界的轰动。

随后，他以对科学不断创新的精神，创建和领导了哥本哈根学派；同时作为学派的精神领袖他不但奠定了量子力学的基础，并且还是个了不起的伯乐，求贤若渴，给年轻人提供发展的平台。玻尔不断创新，他的互补原理与海森伯的测不准原理共同构成了量子力学的主体内涵。30年代中期，他提出了原子核的液滴模型，1936年更进一步阐述了复合核的概念，还正确指出了参与核裂变的铀的同位素，为人类利用核能指引了道路。

玻尔还是一位杰出的人道主义者和社会活动家，当法西斯主义在欧洲横行的时候，他曾帮助一大批德国和意大利学者免遭迫害。第二次世界大战中，为了反对法西斯，他参加了研制原子弹。

美国传记作家穆耳曾经在她写的《尼尔斯·玻尔传》中充满激情地写道："能改变世界历史进程的人是为数不多的，然而，玻尔却使历史进程发生一次改变。原子时代的到来，在很大程度上依赖于他的科学研究，以及他所发挥的作用。从对于同时代人和整个世界的生活发挥指导作用这一点来说，很少有人能够比得上他。"

在物理学发展史上有两个最伟大的时代，一个是17世纪末，以牛顿为代表的近代经典物理学的正式创立，再一个就是20世纪初，以爱因斯坦和玻尔为标志，相对论和量子力学的诞生，改变和重建了物理学体系。玻尔学说代表着对经典物理学说的一次巨大突破。值得特别关注的是，与牛顿、爱因斯坦不同，玻尔以及他所创立的哥本哈根学派，体现了科学家群体的力量。

玻尔的代表作有《原子结构理论》、《创立互补原理》、《玻尔理论》。他提出了一整套创新的理论，建立了量子学说，首次打开了人类认识原子结构的大门，为近代物理研究开辟了道路。但他留给世人的宝贵财富不仅仅是量子力学，更重要的是由于他独特的个人魅力而形成的哥本哈根学派。在科学研究过程中，这一学派营造了一个和谐、民主、平等、互补的学术交流氛围，被后人誉为"哥本哈根精神"，广为后人敬仰，至今仍然代表了科学研究领域里的典范和楷模，具有深远的历史意义和现实意义。

玻尔新学说一问世，就受到爱因斯坦等一些科学家的称颂，说玻尔的论文是一部杰作，但也有许多科学家提出了质疑。然而，玻尔学说经受住了检验，从几个简单的假说出发，以惊人的准确性解释了氢原子辐射的所有谱线的精确长度，圆满解释了氢原子光谱。而且玻尔学说推测出有更多的谱线存在，这些谱线以前并未观察到。不久，随着这些假说被实验证实，令人信服的推理判断与实验数据的准确解码，玻尔学说很快就被科学界公认。1922年，玻尔获得诺贝尔物理学奖。

可以说玻尔是个复合型人才，不仅仅学问好，人品好，而且爱好广泛，特别是体育方面，还是一位足球健将，进入过国家队。玻尔作为丹麦皇家科学院院士，在学术界大名鼎鼎，在普通民众心目中也像超级明星一样，知名度极高。

玻尔的学生家长曾经给他写过一封信，因为不清楚详细地址，只在信封上写了"哥本哈根玻尔教授"，就投了出去。令其惊喜的是居然很快收到了玻尔的亲笔回信。当年，如果想去哥本哈根拜访玻尔，只要告诉出租司机去玻尔家，任何一辆出租车都会把他送到目的地。如今，玻尔对丹麦人来说更是家喻户晓，丹麦国家银行在1997年发行的500克朗的纸币上，印有玻尔叼着烟斗的肖像。

玻尔不仅是科学家，还具有政治家和思想家的气度和远见卓识。在参与原子弹研制的过程中，他就考虑到这一研究成果对将来世界的影响。他最早提出一个观点，即在利用核能的问题上，要进行有效的国际合作，让科学为人类造福，而不能给社会带来灾难。

玻尔还力图说服英国和美国首脑人物，不要把世界引向核军备竞赛中，消除冷战，制止核力量的成倍增长。当时，玻尔的建议遭到拒绝。二战之后，玻尔回到祖国，积极倡导和实施国际间的科学合作。随着社会发展和科学进步，人们逐渐认识到和平利用核能的重要性，玻尔被誉为和平利用核能的先驱者，受到世界人民的敬仰。

玻尔开创了量子力学，破解了原子结构及其裂变的秘密，为人类利用原子能铺平了道路；同时，还为维护世界和平积极努力，主张核能造福人类，为科学研究领域国际化开放性合作做出了巨大贡献。在这两个不同的领域里，玻尔都取得了卓越的成就，从而对世界进程产生影响，不愧为科学巨匠，世界级的大师。

第一章　孕育天才的童年

1. 家族渊源

1885年10月7日，星期五，虽然是一个寒冷的日子，但由于这天诞生了世界科学界一颗耀眼的明星而被载入史册。玻尔在丹麦哥本哈根出生。玻尔为人类科学、文化、和平事业，做出了重大贡献。因此，这一天不但成了丹麦人民的骄傲，也让全世界不可忽视这个值得纪念的日子。

这天，维德海滨14号大厦中，一位教授正焦急地等待第二个孩子降生。这座大厦非常美丽，坐落在丹麦议会大厦对面，它的前身是16世纪的建筑。

在克里斯蒂安四世统治时期，欧洲发生了具有历史意义的30年战争，但战争的赢家是法国而不是丹麦，经历了30年战争的消耗，克里斯蒂安四世锐气已减。战后局势异常复杂，1643年，瑞典又对丹麦开战。1645年，丹麦被迫与瑞典订立了屈辱的和约，割了地。

丹麦历史的辉煌已经不在，但克里斯蒂安四世是个喜欢大兴土木的国王，他在丹麦历史上被称为伟大的建设者，在其统治时期，许多宏伟的建筑竖立起来，包括罗森堡宫、哥本哈根的圆塔形天文台和新的腓特烈堡宫，国王和他的继位人腓特烈三世，还在哥本哈根大学建立了拥有宿舍的学院。官员们在其影响下，也在这个地区修建了许多住宅。

意外的是，1795年，哥本哈根发生特大火灾，上千栋住宅毁于大火，14号大厦也未能幸免。玻尔出生的房子，是1797年重建的。

1873年，丹麦犹太银行家大卫·阿德勒家族搬进了14号大厦。大卫·阿德勒去世后，他的遗孀珍妮在这所大厦一直住到去世为止，珍妮·阿德勒的小女儿爱伦·阿德勒，于1881年嫁给了哥本哈根大学生理学教授克里斯蒂安·玻尔。这就是玻尔的父母。

许多人生经历都证明，一个人的成功常常是几代人共同奋斗的结果，而人生第一任老师就是自己的父母。玻尔能够取得举世瞩目的成就，与他的家族渊源以及家中充满温馨和智慧的氛围有关。据史料记载，玻尔的家族是个非同凡响的科学世家，无论父亲的家族还是母亲的家族都在历史上为丹麦做过很大贡献，出了众多科学界及其他领域的杰出人物。

从父亲方面讲，玻尔是一位德国移民克里斯蒂安的后代。他于1770年从丹麦军队退伍之后，定居于丹麦的埃尔西诺。他的一个儿子彼得·玻尔就是玻尔的曾祖父。

到了彼得·玻尔这一代，家里出了两位学者，开始在科学和教育事业上显露锋芒。哥哥克里斯蒂安·弗里德里克在1819年当选为挪威皇家科学院和文学院的院士，1824年又被推选为瑞典皇家科学院院士。1832年去世以后，人们还为他出版了纪念册。

弟弟彼得·玻尔在哥本哈根大学学习神学，获得了相当于后来的神学硕士的学位，之后在埃尔西诺一所公立中学教书，后来在1818年被任命为一所公立中学的校长。他在一生中，写了许多关于历史方面的文章，例如1836年出版的《300年前的丹麦》，还有一本拉丁文教科书和一些诗歌。1844年退休之后，哥本哈根授予他教授头衔。彼得·玻尔有4个儿子和两个女儿。其中最大的儿子，就是玻尔的祖父亨利克·玻尔。

亨利克也非常出色，于1837年获得哥本哈根大学神学硕士学位，1844年，成为哥本哈根一所私立学校的校长，并且讲授历史、地理和拉丁文课程。1860年被授予教授头衔。再说他的婚姻，亨利克·玻尔娶了一位法官的女儿卡罗琳，他们养育了7个儿女。小儿子克里斯蒂安·玻尔，也就是玻尔的父亲，就任哥本哈根大学生理学教授。克里斯蒂安·玻尔继承和超越了祖上的光荣，成为这个家族里第一位获得哲学博士的人，还被提名为诺贝尔生理学和医学奖的获奖候选人。

再看看玻尔的母亲爱伦·阿德勒，她的父亲大卫·巴鲁赫·阿德勒，也就是玻尔的外公，是一位犹太银行家兼金融家，哥本哈根商业银行的创办人，日德兰州信贷会的发起人。大卫对政治颇有兴趣和见解，他也是丹麦国家自由党的一名议员。

爱伦的母亲詹妮，即玻尔的外祖母，是英国银行家约翰·拉斐尔的女儿。玻尔的母亲爱伦是家中最小的女儿，上面还有5个哥哥姐姐。

其中汉娜是玻尔的姨妈，她一生没有结婚，但事业非常成功。1886年，进入哥本哈根大学学习物理学，1892年获硕士学位，毕业后到美国考察美国教育。从美国回到丹麦以后，她立下志愿，要把自己的毕生精力献给丹麦教育事业，在哥本哈根市创办了一所男女合校的学校，学校的开办称得上一次创举，因为它是丹麦第一所这类的学校。玻尔虽然不是她的学生，但她对玻尔的成长起了相当大的作用。

由上述溯源可以知道，玻尔的家族在自然科学、社会科学、政治、银行业和教育等各个领域，都有十分出色的代表人物，成绩斐然。在这样一个良好的环境中成长，潜移默化，玻尔的天赋和才能得到充分发展，他的弟弟也很出众，是著名的数学家。他们成长的每一阶段都可以在家中得到滋养、鼓励和补充。

2. 家庭熏陶与良好的教育

丹麦人评价玻尔的家族，说他"有天花板那么高"。生于具有辉煌历史的家族，并且生活在幸福的家庭里，玻尔受到了良好的教育和熏陶。他不但从小就热爱科学，而且处理问题的态度非常认真，忠厚诚实，从不隐瞒自己的观点，经常勇敢地表达自己的想法。

玻尔在理论物理学方面有卓越建树，并能对世界产生如此巨大的影响，还得益于他兴趣广泛、知识渊博、勇于创新。他的学生詹姆斯·弗朗克曾回忆说：在与玻尔的谈话中，不只限于物理学或自然科学，而且还涉及哲学、历史、宗教史、伦理学、艺术、政治等领域。玻尔本人具有广泛的兴趣爱好，读过许多书，具有卓越的记忆力，喜欢反复思考。

平日，克利斯蒂安·玻尔在从事紧张的教学和科研工作。但是，只要一有空儿，就带孩子们划船、散步、登山等等，培养他们的兴趣爱好，还鼓励孩子参加各种体育活动。

每逢暑假，他还带孩子们郊游，欣赏大自然的美景。每次，克利斯蒂安都耐心地引导孩子们，观察大自然的各种现象，感受一草一木的美丽，激发他们对大自然的热爱。

生理学是父亲的专业，因此，他常常从生理学的角度，给孩子们讲述体育运动对身体的好处，以指导孩子进行科学的体育锻炼。在父母的影响和鼓励下，玻尔兄弟二人从小就爱好足球运动，双双都是足球健将，并一度都成为丹麦国家足球队队员。

弟弟哈拉德·玻尔还代表丹麦参加过奥运会，为丹麦夺得银牌立过汗马功劳，一度成为球迷崇拜的偶像。当时玻尔作为替补队员，在场下为丹麦助威。当时的媒体还报道了这对兄弟迷人的风采。

玻尔还喜欢滑雪，他经常带着学生和助手们一起去，并把这一爱好保持到晚年。有时候，滑雪回来，竟能带来新思想或者找到科学研究的灵感。玻尔从20岁开始科学研究生涯，从事紧张的科学研究工作长达57年之久，除了他的天分、刻苦以外，也与他健康的身体有直接关系，这当然受益于小时候父母的培养。

玻尔在一次获奖感言中谈到自己的家庭，他非常自豪和感激地赞扬道："我生长在一个有着浓郁精神情趣的家庭里，经常开展科学方面的讨论。对我父亲来说，他个人的科学工作和他对人生所有问题的兴趣之间，大概没有严格的区别。"

玻尔还在小学读书的时候，父亲就唤起了他对物理学的兴趣，进入哥本哈根大学后，他选定了物理学作为主攻专业，在克里斯琴森教授的指导下学习，成了一名出色的学生。玻尔第一次崭露头角，是在大学二年级。

当时，他参加1905年丹麦科学院举办的征文竞赛，根据征文的要求范围，玻尔研究了液体表面张力，用自制的装置得出了实验数据，尽管时间非常紧，没有完全满足竞赛的要求，但他的论文有创新之处，受到科学家的赞赏，获得金奖。具体情节在后面的章节会详细叙述。

玻尔的成长，不仅受到父母的熏陶，学校的教育，他的姨妈汉娜也倾注了心血。玻尔兄弟俩与她十分亲近。汉娜·艾德勒比爱伦·玻尔大两岁，从童年起，她就喜欢保护妹妹，感情至深，并且这种感情维系终生。为了玻尔兄弟两人的学习和成长，汉娜花费了不少心血，在兄弟两人的心目中，汉娜始终是最敬爱的姨妈。

玻尔选择物理专业后，汉娜姨妈为他高兴的同时，也有些遗憾，因为她发现玻尔在文学方面也具有天赋，本想建议他去学文学，做丹麦的"安徒生第二"。

1959年，为了纪念汉娜姨妈百岁生日出版的一本书中，玻尔深情地写道："从最早的童年时代起，我对她积极和友爱地参与有关她兄弟姐妹以及他们的孩子们的每件事，都有着清晰的记忆。虽然弟弟哈拉德和我不是她学校里的学生，但我们和他们分享了汉娜姨妈的教育的影响。"

"她从学校工作中挤出时间，在星期日领我们去参观哥本哈根的自然历史和人文展览以及艺术博物馆。暑期里，在诺汝姆园度假时，她就陪我们步行或骑自行车去当地的森林和原野旅行。她或开玩笑或严肃地将那些能够引起我们想象的事情告诉我们，使我们既认识了自然，又学习了人类的生活。"玻尔在这些优秀的长辈呵护和爱中不断成长，潜移默化的力量无疑是巨大的。

克利斯蒂安·玻尔夫妇天生好客，结交广泛。每逢星期五，是克利斯蒂安·玻尔参加丹麦皇家科学协会每周例会的日子，晚上，克利斯蒂安总会邀请与会的同仁来家做客，几位要好的朋友更是常客。

这些朋友中间，有生理学家、物理学家、语言学家，还有哲学家，像丹麦著名哲学家霍夫丁教授、物理学家克里斯坦森和语言学家汤姆森等等。他们一起商讨哲学、科学和丹麦社会的种种问题，每次聚会的谈话热烈而有趣，有时还有激烈的争论，就像一场学术研讨会。克利斯蒂安夫妇总是有意识地让孩子们旁听，从而为他们展开了一个广阔天地，就像打开一本百科全书，拓宽了他们的视野。

父亲的这群朋友，研究领域截然不同，但都是社会名流，科学界的精英，他们聚集在一起常常会碰撞出思想的火花，商讨问题似乎有点儿不可思议，但他们每次讨论都充满着激情，每个人都从不同研究领域的视角出发，旁征博引，以理力争，发表自己独特的见解。

玻尔兄弟在这样的家庭长大，获益匪浅。难怪他们的表兄在纪念玻尔时说："如果说玻尔和哈拉德是在一个科学知识、对事物的看法和人性方面都最卓越的家庭中长大的话，这绝不是夸大。克里斯蒂安和爱伦尽最大的可能给孩子们一种教育，为他们的独立发展，同时也为发展他们的道德修养和人类价值观念提供尽可能宽广的视界。"

日久天长，耳濡目染，来自各类学科的观点见解，以及不同科学家思考问题的方法，使玻尔兄弟二人耳目一新，不但增长了知识，也激发了他们对科学研究的兴趣，受用一生。父母的这种教育方式非常有效，为他们日后在科学研究领域里的成功，找到了一把金钥匙。

这种聚会留给玻尔的感受极其深刻，常常被他提起。在一次丹麦科学院举行的会议上，玻尔也说过这些事："在我们童年，从能够在这些聚会的讨论中获得益处时起，直到我父亲去世结束了在我们家中的聚会为止，我的姐姐、弟弟和我都被允许出席我们家中举行的聚会，而我们最好的和最深刻的印象，可以追溯到这些聚会中去。"

深得家庭良好影响和熏陶的玻尔，也继承了父母的优良作风和特点。从下面的评价可以看出这一点。玻尔的学生把他的住宅比作希腊学院，总是充满着智慧的讨论，洋溢着思想的光辉。这所住宅，是那些自由进行讨论的大小派别思想的避难所。

玻尔还喜欢绘画、雕塑和造型艺术，他可以用木头雕刻一台造型精美、转动灵活的风车。玻尔在文学艺术方面也有很高的修养，这个特点也要追溯到他的父亲。当年，他常常跟玻尔兄弟谈文学，一起背诵和朗诵《浮士德》、海涅和席勒的诗，并经常对孩子们讲述丹麦伟大作家安徒生的童话和他的奋斗史。

在那些精美的诗句和动人的故事中，玻尔幼小的心灵常常被深深感动。玻尔生活的家庭无论从社会地位、文化素养还是经济状况，都十分理想。孩子们受到长辈的喜爱，家里充满着宽松、自由，但却不放纵孩子的健康气氛，可以这么说，能比玻尔童年更幸福的人为数不多。

克里斯蒂安不仅善于让孩子们在探索的思想氛围中生活，他还非常重视让孩子们尽可能接近大自然，带他们外出旅行，陶冶孩子们的性情，激发他们对大自然的热爱和敬畏，也让大自然的美激发他们的好奇心。

但是父亲很快发现，玻尔对自然美景并不过分陶醉，却对各种机械装置有着浓厚的兴趣，他最喜欢教堂塔楼上的大钟。小玻尔经常顺着螺旋形的爬梯攀到钟塔的顶层，这种举动，常常引起教堂中祈祷的大人们担心的惊叫，而玻尔并不觉得可怕，只想知道大钟的指针到底是怎么转的。面对一大堆齿轮，玻尔被迷住了。

很快他又把视线转移到家里的挂钟、摆钟、自行车等等，这些神奇的机械结构，如此美妙而诱人，玻尔着魔了，总要拆开一看究竟，拆了装，装了再拆，成了小玻尔最喜欢的游戏，只可怜了那些无辜的装置常常毁在他的好奇心里。

父亲不仅是生理学教授，也是一位优秀的实验家，深知实验是科学的基础。除了生理学实验以外，他还亲自做过不少物理学方面的实验。为了让孩子们有一双灵巧的手，具备良好的实验技巧，克利斯蒂安经常鼓励孩子们，增强动手操作的能力。他深知好奇心是每个孩子的天性，也是科学研究的一把金钥匙，非常可贵，需要保护和引导，千万不能挫伤，如果在漫不经心的情形下，伤了他们的好奇心，这一定是父母的错。

有一次，家里的自行车出了点儿问题，链轮坏了，玻尔建议将自行车拆开，彻底修理一下。大人们听了都反对，认为没有必要。只是链轮出了毛病，不必费那么大劲儿，为什么要都拆呢？可是，玻尔不听劝告，执意要拆。他指挥一群小伙伴，拆散了自行车。

但是，拆开后，他们装不上了，零件摆了一地。大家开始埋怨玻尔，甚至有人建议，请一名修车工人来收拾乱摊子。玻尔执意不肯，说自己再琢磨一下，他能够解决问题。就在这个关键时刻，玻尔的父亲支持了他，对大家平静地说："不要干涉孩子，他知道自己在做什么。"玻尔望着父亲，知道他懂得自己，非常感激。

玻尔静下心来，非常投入地将各个零件作了仔细研究，找到了窍门，指挥小伙伴们帮忙，将自行车装好了，车子竟像新的一样，熠熠发光，而且，比从前更灵活了。事后，小伙伴们也非常高兴，都觉得自己出了力。从那时起，玻尔似乎就具有了调动大家集体合作的本事。

玻尔兄弟俩虽然爱好广泛，但性格却不同。弟弟反应机敏表现在伶牙俐齿上，而玻尔老实厚道，语言表达有些木讷，似乎有点儿笨嘴拙舌。这些特点隐藏了玻尔敏捷的思维，也许他更适合深思熟虑地反复思考。

有一次，在弟弟的提议下，玩起互相挖苦的斗嘴游戏，弟弟先挖苦哥哥，哈拉德连珠炮似的说得哥哥脸上一阵红一阵白，招架不住的哥哥求他别说了。现在该轮到哥哥挖苦弟弟了，哈拉德注视着哥哥，不知道他会怎么报复自己。只见玻尔表情严肃，思考了半天，终于挤出一句话来，"瞧你衣服上有块黑点儿"，话一出口，哈拉德大笑起来，连连喊，"天哪，天哪，这哪有一丝挖苦的味道！"

玻尔除了嘴巴有点儿笨，笔头子也不听使唤。刚上小学时，玻尔在书写上发生了困难。母亲只好帮忙，给他当抄写员，他把作业讲给母亲听，她替儿子抄写下来。玻尔的这一特点，一直保持终生，他喜欢口授信件，由秘书写成文字。

虽然玻尔的成绩不错，但他不喜欢小学作文，因为时常难住他。小玻尔喜欢直截了当地表达自己的想法，不太会用修辞，不知道怎样才能表达那些真实的、灵动的内心感受。

有一回，老师要求写一篇作文，必须有一个适当的引言，再加一个结论。玻尔写了这样的题目——《环绕港口的一次散步》，内容是："我的弟弟和我去作一次环绕港口的散步。在那里，我们看见了船舶的装货和卸货。"玻尔因"装货"和"卸货"二个词是押韵的而自鸣得意。

但是老师要玻尔修改，一再强调这篇作文应有引言和结论。玻尔还是不解，觉得符合这项要求特别困难。还有一篇论金属的作文，他不知道怎么结尾，就生硬地写道："至于结论，我想提到铝。"另一篇作文，写得更糟，老师的题目是《自然力在家中的使用》，可是，玻尔不知道怎么开头才好，只想出这样的句子，"我们的家中不使用自然力。"

关于玻尔学习作文时遇到的困难，他在回忆录中也作了描述："我对所学的大多数学科都具有一定程度的兴趣，但我厌恶两门学科。其中之一就是丹麦文的自由写作。"

"我相信，即使读了许多小说，要用优雅的词句描写一个难以理解的题目，我在这方面能力的发展还是缓慢的。关于大学入学试题是《人们在苦难的求学时期是如何受教育的》，一个17岁的人，要有一个不幸的青年时代，或者要具备一种不平常的想象力，才能对这个题目杜撰出一些似是而非的东西来，人们能够写出来的大部分内容，可能是不自然的和不真实的。"

上中学时，玻尔最初的表现并不十分突出，无论是在学习上还是在足球场上，与弟弟哈拉德相比，玻尔常常给人留下迟钝的印象。但他性格稳健、做事专心，随着年龄不断长大，他的才华慢慢显现出来。

玻尔与弟弟的关系一直非常好，童年时期也是如此，不管做什么，兄弟俩总是形影不离，玻尔更是处处照顾弟弟。由于年龄差别，他们不能同时入学，这对两个人来说，的确是一件极大的憾事，但玻尔时刻不会忘记哈拉德。

有一次，玻尔参加了一个木工班，他决心要为弟弟建造一个木偶剧院，给他带回家去。可是，他没能完成这一宏伟计划，小玻尔特别失望，沮丧极了。父亲知道这事后，一方面安慰玻尔，另一方面马上行动，给孩子买了一个工作台，又买来一套工具。

玻尔喜出望外，漂亮的木偶剧院很快建成了。通过这件事，父亲发现玻尔对金工有极大的兴趣，于是又给他添置了一台车床。玻尔的多才多艺，就在这些有趣的实践活动中不断进步。

3. 天才少年的成长

中学生活开始了，低年级时，玻尔的表现算不上出众，还经常惹点儿小麻烦。玻尔喜欢跑到实验室里去做实验，他的好奇心太强，常常突发奇想，还喜欢打破正常实验要求的极限。因为经常损坏玻璃器材，一再打破学校的破损纪录，他在学校里出了名。实验室的老师拿他也没办法。

有一次，实验室又传来一声巨响，爆炸声传到校长室，秘书朝声音的方向望了一眼，想都没想，脱口安慰校长说："不用担心，肯定又是那个叫玻尔的学生搞的。"

这些事情，虽然不值得称颂，但从中可以看出玻尔勇于探索的欲望是多么强烈，这也成了日后成功的一个重要因素。

由于玻尔的刻苦努力，他的成绩越来越优异，但他不爱虚荣，从不为争夺第一而努力，他顺其自然地发展，不断超越自己。

这个阶段，玻尔各方面迅速成长，不仅喜欢学习各种知识，也开始沉迷于哲学思辨。随着玻尔的长大，他思维异常敏捷活跃的特点逐渐显示出来。这一点从他中学同学的回忆中可以得到印证。

有一次，玻尔站在黑板前回答老师问题，他写字和擦黑板的速度远远比不上头脑中思维活动的速度。玻尔的思维快速旋转，为了及时将他的新想法表达出来，玻尔加快了擦黑板的速度，以便腾出地方写下新的想法。可玻尔嫌黑板擦太小，擦得慢，于是手和胳膊都上来帮忙，结果弄得同学们和老师眼花缭乱，只看见他手忙脚乱地擦黑板，刚写下的东西，还没等大家看明白，马上又被他敏捷的思维更新为另一组数字和公式。

玻尔对待事物非常较真，以致被大家看成"死心眼"。他从小就是如此，有的同学还记得，上小学五年级时，有一回上图画课，老师让大家画出自己家的房子。画了一会儿，玻尔突然举手要求回家，老师问他为什么，玻尔认真地回答："回家去数数围墙的篱笆到底有多少根。"同学们都笑了。后来人们发现，玻尔画中的篱笆桩的数目果然与他家实际的数目一根不差。

这些"死心眼"的做事态度，一直延续着，不但没有抑制玻尔的智力发展，反而帮助他认真钻研学问，不弄懂弄通，他是不会罢休的。

玻尔的才华和能力上的优势渐渐显露出来。到中学高年级的时候，尤其是物理学和数学方面，他已经能指出中学课本中的错误。一位同学见到这件事有点儿为玻尔担心，指着课本中的错误问玻尔："要是考试的时候，正好考题是这个错误内容，那你该怎么办？"玻尔吃惊地看着同学，但很快镇定下来，他坚定地说："当然要回答正确的内容，不能按照书本的错误答。"在玻尔看来，坚持真理是理所应当的，不能为了得分而向错误妥协，连这点儿胆量都没有，还能做事吗？

弟弟哈拉德常常被大家认为比哥哥更聪明，但父亲却持相反看法，他认为玻尔骨子里蕴含着巨大的潜能、特有的天赋以及丰富的想象力，并且，随着玻尔的成长，他的看法变得越来越坚定。

由于玻尔过于出色，以致父亲有一阵子很为哈拉德担心，生怕他将来不能成为科学家。直到哈拉德完成博士学位论文，成绩显著，并且在随后的岁月中，逐渐成为有名的数学家，这时的老玻尔才感到极大欣慰。尽管如此，玻尔的父亲还是认为玻尔是家族中最特殊的一员，他弟弟和家人也这么看，都为他感到骄傲和自豪。

1903年，玻尔进入哥本哈根大学学习物理，此时他的天赋就常常被他的同学挂在嘴边了。人们免不了要探究这位天才成长的秘诀和特点，大家发现，也许就是玻尔孩子般的好奇心。这种好奇心，常常让他的同学们大吃一惊。他的好友、同学杰布朗曾回忆说："为了充分领略玻尔非凡的本性，人们必须认识到经过这么多年，他仍然保持着孩子气，一个是对游戏的爱好；另一个是孩子般的好奇心。后者对一名自然科学家来说是非常重要的。"

关于玻尔的才华，还有一段有趣的故事，广为后人流传。

有一次，皇家学院校长拉瑟福接到一位教授打来的电话，向他求助。

原来，一次物理学考试，教授给学生玻尔零分，可玻尔不服，认为自己应该得满分。于是教授和玻尔希望校长做一个公正的仲裁。

当校长知道题目是"如何利用气压计测量一座大楼的高度"时，说，"这还不简单，用气压计测出地面的气压，再测出楼顶的气压，两压差换算，答案就出来了。只要是本校的学生都应该答得出来。"

教授回校长说，"对，答案就是这样。但你猜玻尔怎么答。他说：先把气压计拿到顶楼，然后绑上一根绳子，再把气压计垂到一楼，在绳子上做好记号，把气压计拉上来，测量绳子的长度就知道大楼有多高。"

校长笑了，"哈，这小家伙倒挺机灵。不过，他确实是用气压计测出大楼的高度，不该得零分吧。"教授不同意，说这不算物理学方法。

拉瑟福把玻尔找到办公室，给他六分钟时间，请他就同样的问题再作答一次。拉瑟福特别提醒，答案要显示物理学知识特点。

一分，两分……五分钟过去了，拉瑟福看玻尔的纸上一片空白，便问："你想放弃吗？"

"拉瑟福校长，我没想放弃。这个题目的答案很多，我在想哪一个比较好。"

玻尔迅速写下答案：把气压计带到摩天大楼的屋顶，竖直往下扔，并记下到达地面所花费的时间。楼的高度可以通过公式$H=0.5gt^2$得出。但气压计只好报废了。

拉瑟福校长问教授是否满意。教授同意给99分。玻尔愉快地接受了这个成绩。校长很好奇，想听听玻尔的其他答案。

玻尔滔滔不绝地说："可以选择晴天，把气压计放在地上，看它的影子有多长，再量出气压计有多高，然后去量大楼的影子长度，用比例算出大楼的高度。"

"还有一种非常基本的方法，带着气压计爬楼梯，一边爬一边用气压计做标记，最后走到顶楼，做了几个标记，大楼就是几个气压计的高度。"

"还有复杂的办法，如果想要高度科学性的话，可以拴一根短绳到气压计上，让它像一个钟摆一样摇摆，首先在地面摇摆，然后在摩天大楼的屋顶上摇摆。高度可以从重力回复力的差值算出。"

校长越听越高兴，夸奖了玻尔。随后，校长又问他："你真的不知道这个问题传统的标准答案吗？"

"我当然知道，校长。"玻尔说，"我不是没事爱捣乱，我是对老师限定我的思考感到厌烦。"

玻尔眨眨眼睛又说，"最简单的办法还有一个，就是把气压计带到地下室找管理员，对他说：先生，这是一个很棒的气压计，价钱不便宜，如果你告诉我大楼有多高，我就把这个气压计送给你。"校长和教授都笑了。

玻尔这种聪颖活跃的思维方式，以及善于思考、不畏权威的精神，至今仍然使人深受启发。

玻尔还是个注重友情、很有长性的人。他和几位同学的友谊一直保持终生，日后的生活中，始终有着密切的联系，并且相互从对方身上汲取力量和营养。比如，阿伯特·维·乔根森、阿吉·贝尔莱，还有卡尔·乔纳·米切尔生，但与玻尔特别亲密的同学，应是奥利·奇维兹。他的父亲是哥本哈根大学解剖学教授，也是克里斯蒂安·玻尔的同事和好友。由于父辈的关系，他们认识很早。

很少有人像玻尔与奥利·奇维兹这样一对朋友，在性格上存在着巨大差异。奇维兹容易冲动，并且总是急于确定一种立场。在不少领域内，玻尔和奇维兹的观点不可避免会产生分歧。但是，在贯穿他们整个一生的交往中，所有的意见分歧反而使他们彼此变得越来越接近。他们之间的友谊从小时候合坐在一张课桌起，就从来没有过任何裂痕，彼此默契。

玻尔和奥利·奇维兹彼此之间非常和谐，相互钦佩、相互尊重，虽然他们彼此之间不相同的性格，也曾在一些公开场合表现出来。当奥利·奇维兹逝世后，在大教堂纪念奇维兹的大型仪式上，玻尔讲了话，其中的一段是这样说的：

"在学生时代，他始终独立自主和热爱真理，处理事物具有坚定不移的风格，赢得了众人对他的尊敬。由于他的热情，只要他认为是对的，他就参加到各种斗争中去努力奋斗，奥利在他的同代人中常常成为一个有争议的对象，但我们都因他的坦率和无畏而一致表示钦佩，再加上他的热情和干劲儿就使他成为一个极好的朋友。"

"在许多方面，奥利·奇维兹具有与众不同的地方。与此同时，他的性格表明了这些特点，这正是人类所追求和为之奋斗的东西。但是他的立场以及他行动中所表现的迫切要求可能是激昂的，他具有竭尽全力去温暖别人心房的仁慈，他力图隐瞒这些，尽管常常是徒劳的。在他身上，正义和仁慈的感情的发展是绝大多数人所不及的。这一点与他伟大的智慧结合起来，使他能在任何时候都会毫不犹豫地接受环境对他的要求。他的本性决定了他不需要乞求别人的同意。正相反，他常常寻找借口采取某种态度来激起争议，并以此为乐。这样的场合总是意味着一种自我考验，人们也许会强烈地感觉到他性格的真诚和热情，从而开始喜爱他。"

玻尔60岁生日之际，一家报社采访他，当记者问奇维兹"你对玻尔的哪一个特点最为推崇"时，奇维兹回答说："他的优点我们不用举例。玻尔是不会关心这些的。如果你一定要我回答的话，那就是，他在大事中是好样的，在小事中也是如此。是的，正值今天是他的生日，我更要说，他是世界上最好的人！这一点，我并没有夸大。"

奇维兹是一个既不受情绪影响也不受亲密友谊影响的人，为人坦然。他和玻尔的深厚友谊和互相的钦佩，并没有阻止奇维兹时常把玻尔当成无礼戏言的对象，两人在科学和哲学的讨论中毫无拘束地开着玩笑，这一点，可以说玻尔是最了解他的人。

关于两个朋友在这方面的逸闻趣事，保存在他们"赤塔号"游艇上的一些"航行日志"里。游艇是奇维兹和玻尔，还有化学家尼尔斯·布杰朗、木刻家霍尔杰·亨德克生在1926年共同购置的，这4位朋友利用它作了短途旅行和长途游历。

最开始设计航行日志的时候，船长玻尔·布杰朗想用来记载一些真正纯粹的航海性质的活动，但不久，大副奥利·奇维兹和霍尔杰·亨德克生，他们被称为船上的"主任医生"和"科学家和慈善家"，他们二人掌管了这本日志，并用它来记载船上的生活，以及一些发生在航行参加者中的有趣事件，幽默诙谐、无拘无束的奇谈怪论。

在"赤塔号"的航行中，有关玻尔的部分记录，布杰朗留下的最多："有玻尔在船上，除了他躺下休息或进舱睡眠，他总会促使谈话和讨论不断进行。玻尔具有启发同伴进行思考的能力，同伴们常常感到，由于受了他的影响，竟比原来更聪明了。"

"玻尔对事物的观察和分析能力是惊人的，他总会发现问题。例如，当他见到水面映出月亮时，就引出了一个值得讨论的问题，为什么月亮影子变成了一条而不是一片？当我们调整船帆时，如何更好地利用风向，这又成了玻尔提出的问题，如何进行操作，才能达到目的。"。

对玻尔这些充满钦佩的赞美，在他的同学中随处可见。玻尔的中学同学评价他是一个有才干的学生；而大学同学的评价则更高，他们很早就意识到玻尔是个不平凡的天才。海加尔·隆德早在1904年，给挪威的一位堂兄弟写信，信中提到了玻尔：

"他是一个真正的天才。认识天才的过程很奇妙，而我却认识了，甚至每天和他在一起，他的名字叫玻尔，就是我以前告诉过你的那位。他越来越显得出类拔萃。同时，你也能想象到，他还是一个特别和蔼可亲、又十分谦虚的人。他有一个正在大学读书的弟弟，像他一样聪明，是学数学的，这两人是不可分离的，我从未见过像他俩那样密切的兄弟。他们十分年轻，17岁和19岁。"

1903年，玻尔进入哥本哈根大学，学习物理学、数学和天文学等课程，还选修了父亲的老朋友赫弗丁教授的哲学课。在哲学课上，他第一次知道了穆勒的书《一个丹麦学生的故事》，给他留下了深刻印象。多年以后，当他论述关于量子力学中的测量问题时，还引用了书中的最后一句话："既是演员，又是观众。"

历史总是惊人地相似，玻尔和爱因斯坦年轻时一样，有一个相同的经历，他们各自都与自己志同道合的同学组成了课外学习小组。

爱因斯坦的学习小组，因为成员常在一家奥林匹亚咖啡馆聚会而得名，自称为"奥林匹亚科学院"的"院士"，他们探求科学和真理的思辨与讨论，热烈而有趣，总是兴致勃勃。当时的他们不会想到，这个由年轻人自发组织的学习、研究团体，会同世界其他著名科学院一道，永远载入科学发展的史册。生动的聚会场景，使爱因斯坦终生难忘。

玻尔在大学初期，组织的课外哲学小组叫"黄道社"，由11人组成，也包括玻尔的弟弟，兄弟二人是小组中的活跃人物，他们总是围绕一些哲学和科学问题展开激烈的讨论，在这种自由的空气中，互相学习，汲取营养，对所争论的问题深化了认识，拓宽了科学视野。在以后的哥本哈根大学理论物理研究所里，玻尔始终强调合作和不拘形式的讨论和交流，黄道社中的美妙经历也许就是原因之一。

大学里的玻尔除了学习和小组活动外，还有他心爱的足球，他和弟弟哈拉德都是出色的足球健将，而哈拉德在足球上更为出色，在1908年举行的伦敦奥运会上，他作为国家队的中场核心，带领丹麦队夺取了一枚银牌。

玻尔和弟弟不仅亲密无间，兄弟俩还是足球队的队友，他们在丹麦豪门AB队时，都是主力。玻尔是门将，哈拉德是中场核心，兄弟俩常常心有灵犀，配合默契。但也有出错的时候，有一次对阵德国米特韦达队，场上，德国球员一脚远程劲射，而玻尔却没有做出任何反应，急得弟弟大叫起来，但已经来不及了，他很遗憾，不知道哥哥出了什么状况，在他看来，只要一个扑救就可以搞定的球，却轻松地进了球网。

事后，大家才知道，玻尔当时正倚在门柱上思考一道数学难题，没有注意到远处突发的威胁。比赛后，玻尔向自己的队友承认过错。虽然这个门将时常心不在焉，但大家还是原谅了他。

正是玻尔这些独有的特点，还有兄弟俩的默契，给丹麦球迷留下了深刻印象。以至玻尔获得诺贝尔奖时，丹麦一家报纸竟写下这样的标题——"授予著名足球运动员玻尔诺贝尔奖"，以此醒目的标题、特别的角度来报道此事。更有趣的是，丹麦的球迷们，看到玻尔拿着诺贝尔奖章的照片时，感到他的大鼻子非常惹眼，觉得很面熟，似乎在哪里见过。

第二章　初露锋芒

1. 第一篇获奖论文

　　玻尔在哥本哈根大学学习的日子里，需要听的课程并不多，因此有时间和精力研究物理学中那些自己感兴趣的东西。最早的独立研究课题是玻尔大学二年级时，针对液体表面张力而进行的。

　　实际上，这也是一个机遇，缘由1905年2月，学院公布的有奖征文题目。每年，丹麦皇家文理科学院都宣布一批研究课题，给课题参与者两年的研究时间，科学院组织科学家对入选论文进行评定，第一名授予金奖，第二名授予银奖。

　　这一年的物理学研究的问题是"确定若干液体的表面张力"。这个题目出自英国诺贝尔奖获得者瑞利勋爵。截稿日期为1906年10月30日。玻尔对此非常感兴趣，虽然他知道过去的获奖者大多是知名学者，但玻尔并不气馁，仍然有足够的信心和勇气。他已经下定决心参加竞争，也想在这个课题上试一下自己的能力。

　　那么，什么是液体的表面张力呢？这是物理学上的一个基础知识。它是指液体分子间相互作用力的一种表现形式，液体表面分子受到液体内部分子的吸引，使液面趋向于收缩，尽可能缩小液面，以保持稳定，就会形成一种"张力"。例如下落的雨滴往往呈椭圆状，荷叶上露珠呈圆形，以及一些昆虫可以在水面上行走等等，都是由于液体表面张力作用的结果。另外，液体表面张力的大小与液体的性质、纯度和温度有关。

玻尔根据液体表面张力的性质，经过深入思考，筛选出实验方法，设计了一种产生液流的装置，然后测定液流的振动波长。他和父亲谈了自己的想法，父亲非常支持他，允许玻尔在他的实验室进行这项测量工作。

实验装置并不复杂，是玻尔亲手制作的，但很有特点。他把玻璃管拉成特定形状，喷口还要具有特殊功能，保证水流通过管道后，喷出的水柱既有足够长度，又能使截面保持椭圆形。有了这种稳定的水柱，其表面会在表面张力作用下产生表面波，并能测量出准确的数据。这种波就是瑞利所说的，因液体振动而产生的表面张力引起的。玻尔对自己的独立研究感到异常兴奋，他开始工作了。

可是，他很快发现，由于实验室里白天有其他人工作，影响了他的测定结果，因为数据的精度要求，水柱必须长时间保持稳定，如果有干扰，哪怕是很小的干扰，也会影响数据的精确度。因此玻尔只能在夜间进行测量。实验很费时间，做一次就要花上几个小时，并且要求细致入微，于是花掉了大量的时间。

同时，玻尔通过一次次实验摸索之后，发现实验方法有许多可以改进的地方，就这样，玻尔一次又一次地修改下去，但还是无法接近完美。临近征文截稿期时，玻尔还在无休止地修改实验方法，论文一点影子也没有。父亲一直关注着玻尔的工作进展，替他着急，因为时间太紧了，于是出面干预，要求玻尔立即停止实验，把剩下的时间留给论文写作，并叮嘱他不要无休止地改来改去。

玻尔的论文较长，共114页，附图19幅，终于在规定的日期寄了出去。过后，玻尔并没有休息，又写了一份11页的附录，由弟弟和母亲帮他抄写。玻尔还附上一张条子："请将所收到的附录附入pY8

（玻尔在征文竞赛中的代号）的应征论文中。此附录因抄写事故，未能和论文一起奉上。"由此可见，玻尔的论文是在多么匆忙的日子里完成的。

竞赛的结果，正像玻尔期待的那样，他得了金奖。

玻尔获得金奖的过程还有个小小的插曲，因为他研究的内容与征文要求有些不符，他只测定了水的表面张力。但玻尔的论文不仅实验方法奇妙、测量结果精密，并且在研究深度上，突破了征文的要求，不仅仅应用了瑞利的理论，而且推广了他的理论，在确定表面张力时，还考虑到一些附加的影响因素。玻尔实验中的独特性、创新性征服了评委。以至于两位评审克里斯蒂安森教授和普瑞兹教授，一致认定玻尔的论文应该与彼德森的论文并列，同时获得金奖。

他们在写给皇家科学文学院的报告中写道：

"彼德森(于1922年任哥本哈根工业大学校长)的实验，用一种简单的光学方法测定了水、苯、苯胺、氨、乙醇和硫酸铜水溶液一系列液体的表面张力，虽然结果不够精确，但彼德森的论文完全合乎'研究应扩大到多种液体'的征文要求。同意获得金奖。"

"另一篇文章的作者pY8，由于所用实验装置的关系，他只设法考察了水的表面张力。但是，他对影响水柱波长的各种条件进行了广泛的考察。论文作者通过将理论引申到可以将黏滞性和并非无限小的振幅考虑在内而改进了这一点。显然，对于判断方法的价值和找出它在什么条件下可以期望得出最好的结果来说，这些考察是有巨大价值的。这一实验虽然并没有像另一位获奖者彼德森那样全面地解决问题，只研究了水这一种液体，但是，作者却使这个问题在其他方面得到了发展，取得的成就非常大。因此我们感到这篇论文理应获得金质奖章。"

大家都为玻尔高兴。玻尔也感到收获很大，通过这次独立进行科学研究，在各个方面都得到了锻炼，有了很大提高。

皇家科学院在寄给玻尔的获奖通知中这样写道："按照自然科学和数学学部的推荐，丹麦皇家科学文学院在2月22日的会议上，决议授给您本院金质奖章，以表彰您在1905年所提物理学有奖征文问题的解答。现将奖章寄出，并代表本院向您致敬。"

获奖后，玻尔仍不满足取得的成绩，继续改进实验方法，对水的表面张力作进一步测定。并且，修改了论文，题为《用水柱振动法测定水的表面张力》。于1908年，寄给伦敦皇家学会。伦敦皇家学会1909年1月2日收到，1月21日在会议上宣读后，学会秘书拉摩尔看到如此成熟而颇有创见的内涵，误以为玻尔是物理学教授。

在给玻尔的信中写道：亲爱的玻尔教授：你的论文已经在学会上正式宣读。兰姆教授曾经提出，有一点你或许没有充分考虑到，有人建议，你或许愿意在论文付印之前考虑这一点，略加增订或用其他方法。

玻尔于2月6日回了信，对拉摩尔和兰姆两位知名教授的关心深表感谢，但对兰姆教授表示感谢的同时，认为他的意见"或许不当"。后来，论文正式发表在伦敦皇家学会《哲学报告》上，拉摩尔接受了玻尔的意见，原文发表，没做修改。

这篇论文的发表，从科学史的角度来看，是玻尔毕生论文中最独特的一篇，这不仅因为它是玻尔最早的论文，而且也是他唯一报道自己实验研究的论文。这次实验对玻尔的影响很大，使他非常重视实验物理学家的工作。

在这之后，在1910年8月，玻尔又向皇家学会寄去了一篇题为《论新形成的水面表面张力的测定》的论文，这篇论文反驳了德国著名物理学家勒纳（1905年诺贝尔物理学奖获得者）的观点。这篇论文由瑞利亲自推荐，发表在皇家学会《会报》上。

在这次为期不长的研究过程中，充分体现了玻尔的综合实力。他的实验方法和优点，为后来的研究者一再赞赏。1930年，一位叫亚当的学者，在他的《表面的物理学和化学》一书中写道："各式各样的动态方法，给出或多或少新形成表面的表面张力，而且可能给出和静态方法不同的结果，在一切动态方法中，玻尔关于振动水柱的研究方法也许是最好的一种。"

这次独立的研究经历，为玻尔日后的科学研究打开了大门，也为他选准了人生目标。

2. 求学寻师的曲折

1907年，玻尔以优异的成绩和出色的表现，迎来了大学毕业的日子。随后开始准备硕士论文。出于对原子内部结构的特殊兴趣，他选择了"金属电子理论"方面的研究课题。事实上，在当时的历史阶段，这个问题很棘手，有许多未解之谜，很多物理学家都感到头痛，当然就更吸引了玻尔的视线。从此，他开始在这个领域里不断地探索和前进，直至走到研究者的前列。

玻尔非常崇拜的科学家之一，就是剑桥大学的一位教授汤姆逊，他在19世纪末发现了一种质量比原子还小的微粒，称为电子。这一发现，可以说是划时代的。玻尔的硕士论文之所以选择这个研究题目，就是由于读了汤姆逊等人的著作。那些微观世界里的物质结构如此神奇，又如此诱人，特别是无法被人直接观测这一点，大大激发了玻尔探索的兴趣和欲望。用电子理论来解释金属的各种性质，在玻尔看来，这是多么了不起的事情。

　　当时的研究成果很多，比如假说之一：假定金属的所有特性，是由电子的自由运动、电子与静止分子之间互相碰撞的结果导致的。针对这一假说，玻尔设计了一系列实验，来证明这一假说。

　　经过漫长的实验之后，玻尔开始进入论文撰写阶段。在父亲的建议下，他来福奈岛完成论文。岛上的景色很美，到处是茂密的森林，安徒生曾经在这里，创造出无数美丽的童话。在这个充满神奇的地方，玻尔对许多理论资料和实验数据进行深入的分析和研究。同时，这些研究结果都成为他以后科学研究的基础。

　　经过艰苦努力，在1909年6月，玻尔完成了硕士论文，但他不满足，对自己的论文有着清醒的认识，在给弟弟的信中写道："这个问题如此巨大和深远，以致我纵有生花之笔也只能满足于仅仅处理了其中几个片段。"虽说他的研究刚刚开始，但已经看出玻尔志向远大，并且确定了自己的研究方向，开始展望进一步探索的空间，对未来踌躇满志。

　　玻尔的硕士论文顺利通过。经过短暂的休息，又踏上了新的行程。他在硕士论文的基础上，展开深入研究，把博士论文也圈定在这个课题上。

在博士论文写作初期，玻尔以为有前面的研究做基础，后面的研究将会顺利进行。但在撰写论文的过程中，却发现并非如此，他不断遇到困难，一个比一个棘手。尤其是解释金属磁性的问题上，他又发现了重大问题，经典的电子动力学，完全不能解决他论述的问题，如果照搬经典理论，则无法推出金属具有磁性的结论。玻尔找不到出路，于是他在论文中果断而大胆地宣称，"磁学理论无法用现有的经典电子理论来解释"。

从这时开始，玻尔就有了一个创新的想法，他要建立一套适用于解释微观粒子行为的理论。由此看来，他的博士论文就成了创建量子力学的起点。

玻尔的博士论文完成了。正在他对未来踌躇满志的时候，传来一个不幸的消息，玻尔的父亲克里斯蒂安于1911年2月3日去世了。对玻尔来说，父亲的离开成了他的终生遗憾。因为没有让他亲眼看到自己的博士论文。为此，玻尔郑重地在论文扉页写上："谨以最深切的感恩之情，用此文纪念先父"。

1911年5月13日，玻尔的博士论文顺利通过答辩。答辩现场很壮观，教室里挤满了人，还吸引了不少记者，第二天就见了报。

有两点值得一提：一是论文答辩时间很短，仅用了一个半小时，就顺利通过，这是不多见的，也许他的选题太深奥，因此除了文法修辞方面的问题，答辩委员会成员无法向他提出更深刻、更有针对性的意见；再一点就是大家对这个年轻人和他的理论感到十分新奇。而记者感兴趣的是，丹麦国家队的足球运动员们，一个不少都在现场，而球员们还坦然承认，他们听不懂玻尔的演讲，但这并不影响他们前来助阵，他们为玻尔骄傲和自豪。

这一年，玻尔正式发表了题为《金属电子论探讨》的博士论文，文中论述了金属电子论的问题，针对此领域研究中所遇到的困难，发表了新的见解，这一点对前人的研究有所突破，弥补了电动力学经典原理方面的缺陷。由此，玻尔作为一个敢于创新、敢于挑战困难并且具有深刻洞察力的科研工作者，在物理学界已经初露锋芒。

获得博士学位后，由于玻尔的出色表现，他获得了卡尔斯伯基金会的资助，到英国剑桥大学卡文迪许实验室做访问学者，时间为一年。

玻尔满怀信心，前往英国。一踏上剑桥的土地，他不由得心潮澎湃，思绪万千。"这里曾经有过牛顿、达尔文，如今又有汤姆逊……"这是玻尔心中的圣地，更有他崇拜的大师。当天晚上，玻尔迫不及待地把自己的感受告诉了未婚妻玛格丽特，他在信中写道："我真得对你描述一下我的心情，当我见到'剑桥'两个字时，我是多么激动！"

在玻尔的意识里，英国剑桥大学是当代物理学中心，聚集着很多有才华的科学家，在这里一定可以大有作为。一切安顿下来以后，玻尔希望尽快拜会汤姆逊教授。从玻尔给弟弟哈拉德的信中可知，他在9月29日第一次拜会了汤姆逊。

与自己心中最崇敬的老师会面，玻尔显得紧张而拘束，所有准备好的台词都用不上了，师生之间的谈话不太投机。玻尔的英语口语还不够好，难以表达细腻的情感，干脆来个开门见山。稍加寒暄之后，他拿出汤姆逊的著作《气体导电》，玻尔翻开书，指着书上的一段文字，对汤姆逊说："这儿写错了。"

玻尔认为为人坦率、知错就改，应该是科学大师的风格，如果第一次拜会老师就坦率指出他的错误，那一定会让老师有深刻的印象或者好感，激起汤姆逊的谈话兴趣，也许会问错在哪里，就可以自然而然地谈下去。但汤姆逊对这个新学生的批评指正，并没有产生兴趣，而是岔开了话题，仅仅礼貌地问了一下玻尔到剑桥的生活安排，以及丹麦的一些情况。

拜会很快就结束了，玻尔有些失望，但还是留下了他的博士论文，请汤姆逊给看一下，并希望得到老师的推荐，发表在英国皇家学会刊物上。汤姆逊接过论文，答应一定尽早看完。

出了汤姆逊的办公室，玻尔深深吐了一口气，如释重负。一个普通博士生，对大名鼎鼎、如雷贯耳的汤姆逊，像圣人那样顶礼膜拜，不紧张才怪呢。他猜不出老师的感受，虽然和自己想象得不一样，但玻尔已经很知足了。

又见了几次汤姆逊老师，玻尔的心情开始不安起来，因为他发现，自己的论文已经压在老师文件堆的最下面。汤姆逊总说马上就看，但论文仍然静静地躺在那里。玻尔知道老师的确很忙，但也感到老师没有重视自己，这使玻尔很失落。他给玛格丽特写的信中出现了这样的句子，表达了玻尔不安的心情："我正盼望听到汤姆逊的意见。他是位伟大的人物。希望他不至于生我那些蠢话的气。"

三个星期过去了，事情仍然没有转机，玻尔的心情很乱，思想反复斗争着，对自己到剑桥做博士后研究的选择产生了怀疑，不知是选对了还是错了。

他在给弟弟的信中写道："我过得非常好，但我不大愿意写信，因为我的工作还没有快速的进展，我希望会有改观，但情况还是那样。事实上，汤姆逊不像我在第一天感觉的那样容易相处。他的确是个优秀人物，难以置信的聪明，又有惊人的想象力，而且非常友好，但他有那么多的事情，忙得不可开交，以致你找他谈几句话都十分困难。"

"他还没有时间读我的论文，而且也不知道他是否接受我的批评。他只和我谈过少数几次话，每次一两分钟，他总是在谈了片刻之后，就会想起自己的一件什么事来，于是没等你把话说完他就走了。这样，你就会有一种印象，他把你的事完全忘了，直到你下一次再斗胆去打搅他。"从这封信中可以看出玻尔当时的思想活动，开始对汤姆逊失望了，心情不好，并且有些沮丧。

尽管这样，玻尔还是有许多事情要做，听讲座、写文章，在实验室里做实验。如果还有时间，就用来提高英语水平，他强迫自己去读狄更斯等作家的小说，并且特意买了一本英国出版的英文字典，觉得比丹麦出版的字典更标准、更规范。

过了一段时间，玻尔开始了解到，汤姆逊虽然是一位伟大的物理学家，但他的思想方法属于老一代英国物理学家喜欢的那种，理论方法多半采用类比的方式，以直观的方法来建立原子模型，这样，模型与实验的关系比较松散。采用这样的方法来研究微观世界，玻尔认为难以奏效。

汤姆逊在提出西瓜模型以后，逐渐认识到要想解开原子结构深层的秘密，需要进一步研究带正电的物质，于是他把眼光从阴极射线转向了阳射线。玻尔来的这个时候，正是汤姆逊在研究阳射线中有重大进展的时候，他在阿斯顿的帮助下，对实验仪器作了重要改革，使得阳射线的实验成为一种有价值的方法。因此，汤姆逊安排玻尔投身到阳射线的实验研究中去。从这些情况来看，汤姆逊对玻尔还是寄予了很大的希望，把自己的研究热点交给了玻尔。

可是，汤姆逊的研究方向和研究热点，与玻尔的研究热点不一样，方法也不同，师生两人自然不能产生共鸣。于是，玻尔萌生了离开剑桥的想法。

就在玻尔感到彷徨、犹豫不决的时候，他遇到了一位影响他终生的人，并促使他果断做出决定，离开剑桥。这人就是卢瑟福，他也是汤姆逊的学生，正在英国曼彻斯特大学任教。

与卢瑟福的缘分，起因于玻尔父亲的一位朋友——劳兰·斯密士，他是一位生理学家。同时，斯密士也是卢瑟福的好朋友。

为此，玻尔写信给母亲说："情况很好，但并不是说我已经得到汤姆逊的答复，而是说我的情绪很高，而且有许多打算。……星期五我要到曼彻斯特去拜访劳兰·斯密士，而且从星期六算起，再过一星期还要到牛津大学去拜访德莱义尔。我这样到处乱跑，您有什么看法？我正期待着这些事，但是也应该告诉您。"

玻尔如约到了曼彻斯特，斯密士介绍玻尔拜会了卢瑟福。

后来，玻尔对采访者谈到第一次与卢瑟福见面的情形："斯密士安排了我和卢瑟福会面，交谈中并没有谈到原子的有核模型。我只告诉卢瑟福，想到他这儿来工作，想学习关于物质放射性的知识。他回答说，欢迎我来，但必须同汤姆逊安排好。我说回剑桥后就把事情安排好。"

与卢瑟福第一次见面后，又有了第二次。这次，玻尔一睹卢瑟福的风采，更坚定了他追随卢瑟福的决心。12月8日，卢瑟福来到剑桥参加卡文迪什实验室一年一度的聚餐会。许多分散在世界各地的校友都回来欢聚，并报告自己最近的研究进展。卢瑟福当然要介绍一下他的有核模型。

玻尔坐在台下听着这些著名学者的演讲，非常兴奋。特别是卢瑟福，给他的印象最深，他说话时嗓门很大，笑起来几乎不顾一切，卢瑟福还谈了许多轶事趣闻，引得大家哄堂大笑。他还谈到不久前召开的索尔维会议，以及参加会议的著名学者，如爱因斯坦、洛伦兹、居里夫人、汤姆逊等等。

卢瑟福激动人心的报告吸引了玻尔，特别是他对别人的成就表示由衷地赞美，以及批评错误时坦率的态度，让玻尔为之倾倒。于是，忧郁、沮丧的情绪一扫而光。他清楚地意识到，从师卢瑟福的选择是自己最明智的创举。会后，玻尔抑制不住高兴的心情，兴高采烈地与大家一起唱起歌来，即兴填词，即兴表演，唱完离子唱 α 粒子；唱了汤姆逊，又唱卢瑟福。气氛热烈，充满激情。

此时的玻尔去意已决。他在给玛格丽特的信中谈到自己的看法：“卢瑟福是一流人物，极其能干，很多方面比汤姆逊更强，虽说天赋也许不及他。当然汤姆逊也是一个了不起的伟大人物，我从他的讲课中学到许多，我也非常喜欢他。我在离开剑桥之前还要告诉你更多关于他的事。我想他可能对我失去了信心，因为他们一点也不理解我为什么要离开剑桥，但我素有喜欢尝试的爱好，而在曼彻斯特，我将有很好的工作前景。”

做出决定之后，玻尔反倒平静了，除了抓紧时间听讲座，做点儿理论研究工作之外，开始欣赏剑桥的风光。他开始踢足球、滑冰，还到郊外徒步。他兴致勃勃地向玛格丽特报告自己如何沉醉在剑桥的美景中，“我在饭前又作了一个小时令人喜爱的散步。沿着小河，穿过美丽的草地。四周树枝上点缀着红色的浆果，零星散落的垂柳在风中招展。请你想象一下，秋日晴空之下的这一切，还有那飘游的白云，阵阵微风……"玻尔沉浸在诗情画意之中。

转瞬间到了1912年1月18日，玻尔写信给卢瑟福说："我已安排好我在英国的留学计划，并且与汤姆逊教授谈过了。我打算本学期留在剑桥作些理论工作，然后，如果得到您的同意，我将在3月底来曼彻斯特，到您的实验室工作。"27日卢瑟福给玻尔回了信，欢迎他的到来。玻尔收到信后，立即高兴地将这个消息告诉了家人。

玻尔从剑桥转往曼彻斯特，这一步非常重要，可以说是玻尔人生中一个伟大的历史转折点。也许父亲在冥冥之中指引着他，或者说玻尔具有超常的直觉和审时度势的能力。

转眼到了月底，玻尔又写了两封信，一封告诉妈妈，"今天收到了您寄来的冰鞋。我们这里已结冰，这下我可以痛快地滑冰了。今天下午我就去，明天还要去，这太有趣了。"另一封信给弟弟，说他滑冰之后又去听了汤姆逊的报告，内容讲的是"关于高尔夫球曲线运动"。他告诉弟弟说："你想象不出演讲多么有趣，多么发人深省，他表演了那么美的实验以及他演说时那种闪耀着火光的幽默。这确实合乎我的口味，我对这些还真有点儿着迷呢。"

即将离开剑桥，环顾这座世界著名的学府，还有这里的科学家、老师和同学们，玻尔不免有些恋恋不舍。

1912年3月，玻尔告别剑桥，来到曼彻斯特。当时的玻尔，并没有意识到，半年之后自己就会脱颖而出，成为世界科学界一颗明亮的新星。

3. 玻尔的贤内助

我们把时间拉回去，那时，是玻尔着手准备博士论文之前，他决定调节一下紧张的工作节奏，放松一下心情。恰逢周末，玻尔到哈拉德的挚友诺伦德家中去拜访，由此，他认识了诺伦德的妹妹玛格丽特。诺伦德也曾是"黄道社"的一个成员，没想到这段学习经历的缘分成了玻尔的红娘，玻尔与玛格丽特·诺伦德一见钟情，他喜欢玛格丽特的单纯娇美，温柔大方，而她则爱慕玻尔的谦恭文雅，博学多才，两人很快坠入爱河。

这一年，玛格丽特20岁，是一位举止得体、美丽善良的金发姑娘。父亲阿弗雷特是药剂师，两个哥哥后来都成了著名学者。玛格丽特当时在一所家政学校里学习家庭财政、卫生保健、护理知识等等。

热恋中的玻尔并没有因为甜蜜的爱情而影响工作，反而多了一个帮助他的助手。不久玻尔开始撰写博士论文，他希望能在过去的基础上全面深入地进行研究，发展金属电子理论。

两个恋人第一次见面的情形，令玛格丽特终生难忘。1963年1月23日，记者采访了她，玛格丽特回忆说："玻尔与我的两个哥哥在哥本哈根大学是同学，哥哥和我谈过他……我记得那是在一次聚餐后的舞会上，他坐在我的旁边，我想那是我们第一次会面，不过那天傍晚我没和他谈过话。后来，他邀请我到他家去。从那以后，我就与他相识了，那是1909年……再后来，他与我哥哥一起到乡下来看我，还在乡下与我们一起住了一段时间。玻尔作博士论文演讲时，我被邀请出席，事后我记得还有一个舞会。以后我们又见了几次面，春天也多次见过面。"

1911年玻尔和玛格丽特订婚。1912年8月1日举行婚礼。

结婚后，新婚夫妻原准备到挪威度假，但由于玻尔那篇关于α粒子的研究论文没有写完，夫妻俩决定不去挪威而选择英国。他们先在剑桥停留了一个星期，在这儿玻尔完成了论文，然后由新娘子用她那秀美的字体誊清，她还捎带为玻尔的英文进行了润色。此后，玛格丽特就成了丈夫的秘书，终生相助。

玻尔完成《论运动带电粒子在通过物质时的减速理论》这篇论文后，新婚夫妇去了曼彻斯特，于8月12日拜会卢瑟福夫妇，并把论文手稿交给了导师。卢瑟福夫妇见到新娘子，喜欢她的美貌和贤淑，并热情而亲切地接待了他们，从此两家建立了亲密无间的友谊。

婚姻生活使玻尔感到非常幸福，他和玛格丽特彼此投缘，并且互相忠贞，厮守一生。同时，他们又是非常了不起的父母，生了6个孩子，除了2个夭折，其余4个都很出色，其中第四个儿子奥格·玻尔也成了著名的物理学家，并获得1957年度诺贝尔物理学奖。使他们成为世界上为数不多的双双获得诺贝尔奖的一对父子。

他们的儿子奥格回忆说："如果只谈父亲，不同时强调母亲的重要性，这是不可能的。母亲的意见和判断是我父亲日常生活的支柱，她尽一切可能与父亲分享自己的生活。在父亲的经历中，事无巨细必有母亲参加，在每个重大决定中她就像父亲天然的、最亲密的顾问一样。父亲知道母亲对他所起的作用有多大，因而从未错过一个机会表示对她的感激和爱。"的确如此，玻尔从一开始就确信，玛格丽特是最好的妻子。

玛格丽特的知识、能力、智慧和生活经验，以及她的热情和人格魅力，特别是她对玻尔的忠贞爱情，使她成为丈夫不可替代的贤内助。

玻尔的身边总是需要一个记录员。最先是玛格丽特，然后是儿子们。

1924年玻尔在隆涅买了一座庄园，他很喜欢在这里的草坪上休息。工作之余，他和妻子、儿子经常一起到森林里徒步，在海里游泳，在沙滩上踢足球。玻尔经常和儿子在一起边玩边做一些小实验，就连餐桌上的叉子、杯子、餐巾等东西都成了他们的道具，训练儿子们的逻辑思维和推理能力，从而引导他们对科学的兴趣，玻尔夫人常常微笑地望着他们，当然也时常向他们提出"抗议"。玻尔常常在餐桌上滔滔不绝地讲述物理问题，与孩子们讨论，他的儿子们就是在物理知识的熏陶中长大的。

除了用这些小实验之类的东西开发孩子们的智力，玻尔还经常和儿子们在体育锻炼的时候，一起做游戏。有一次，诗人西道尔夫去拜访玻尔，后来他回忆说："当时我看见玻尔正和孩子们一起战斗，场面极其热闹。玻尔看到我时，笑着说还能跟上儿子们。我也来了兴致，立刻加入，和大家嬉笑地追打起来。"

玻尔不仅身材高大，还风趣幽默，而且和他的父母一样，友善好客。加上玻尔身旁优雅得体的妻子，他们成了朋友圈子里备受爱戴的人物。大家经常兴致勃勃地来玻尔家中做客。

1932年，玻尔一家搬家了，成为入住丹麦"荣誉馆"的第一个家庭。

"荣誉馆"坐落在著名的卡尔斯贝尔格啤酒厂附近，它的建造者也是啤酒厂的创建人雅各布森。这是一座豪华的住宅，还有一个美丽的庭院，适应丹麦的气候，具有新古典主义的建筑风格。雅各布森去世之后，就把这座建筑献给了丹麦政府，邀请对丹麦贡献最大的科学家住在这里。创建者还为"荣誉馆"留下了维修资金。从此，这座建筑物就成了丹麦科学界最伟大公民的半官方住宅。

于是，玻尔夫人就成了荣誉馆里受人爱戴的女主人。这期间，玻尔夫妇曾邀请过许多重要人物来此做客，包括卢瑟福在内的许多著名科学家，其中还有王族和首相，同时，他们也接待过来哥本哈根工作或参观的许许多多青年物理学家和学者。

在玛格丽特去世时，玻尔童年以来的密友、后来成为哥本哈根大学的外科教授奥利·奇维兹这样怀念她："玻尔夫人可爱的个性将她温暖的光辉投向一切，因为这是她本性的精华所在。她是如此伟大，足以使我不能设想，第一次见到她的人可能会认为这是表面的，但是只要再见到她，就会发现，在她周围，一切事情都是真诚、可敬和坚定的。这是一位毫不自私、举世无双的人。"

第三章 远大志向与不邂逅追求

1. 恩师卢瑟福

虽然在卢瑟福实验室工作的时间并不长，只有四个多月，但对波尔来说，这是一段不寻常的岁月，或者说这是玻尔腾飞的起点。从此，卢瑟福就成了玻尔的良师益友，两位伟大的物理学家之间的友谊也从这里开始，延续了四分之一世纪，直到卢瑟福离世。

无论是家庭出身、生长环境，还是生活经历或者性格特点方面，卢瑟福都与玻尔大相径庭，但玻尔与卢瑟福相处得非常和谐融洽。玻尔特别敬重老师，他认为卢瑟福无论为人方面还是治学方面，都是自己的楷模。玻尔还曾深情地称卢瑟福是"他的再生父亲"。

1871年8月30日，卢瑟福出生于新西兰一个农民家庭。卢瑟福的少年时代在农村度过，家庭人口多，生活十分艰苦，很小就得帮父母干各种各样的重活，白天去锯木材、开荒地，晚上还得用双手揉搓麦粒。但广阔的田野、茂密的森林，也为卢瑟福带来结实的身体、豪爽的脾气和乐观而坚韧的性格。上大学后，每逢假期他仍然到农田去干活。

1889年，卢瑟福以优异的成绩获得奖学金，进入新西兰大学坎特伯雷学院。他非常珍惜上学读书的机会，成绩优异，在大学的时候，就表现出非同一般的才华。他在简陋的物理实验室里，设计了一个高效的电磁波检波器。

当他到英国剑桥留学时，这个改进过的检波器已经能够收到半英里以外的信号，这使研究电磁现象的权威汤姆逊都感到十分吃惊。从师汤姆逊后，老师十分欣赏他，而卢瑟福也没让恩师失望，他发现了α、β、γ三种放射性成分。

随后，卢瑟福被加拿大麦克吉尔大学聘去任物理学教授。卢瑟福进一步进行实验，揭示了α、β射线的性质，从此人们改称为α粒子和β粒子。这一发现轰动了科学界。1908年，卢瑟福因此获得该年度的诺贝尔化学奖。

卢瑟福的口碑极好，周围人这样评价他：人品出众，为人正派，从来没有树立过一个敌人，也从来没有失去过一位朋友。还有人把卢瑟福的实验室诙谐地称为诺贝尔奖得主的幼儿园，这是因为在他的助手和学生中，先后有12人荣获诺贝尔奖。数目之大，令人惊叹。还有人赞扬说，如果颁发培养人才的诺贝尔奖，那么卢瑟福应该是第一号候选人。

在科学界，至今还传颂着卢瑟福精心培养学生的故事。一天深夜，他偶然发现一个学生还在埋头实验，便好奇地问："上午你在干什么？"学生回答说做实验。"下午呢？"还是做实验。卢瑟福皱了皱眉头，继续追问："那晚上呢？"也在做实验。

勤奋的学生本以为能够得到导师的夸奖，但没想到卢瑟福对他说："勤学固然很好，只是我十分好奇，你把所有的时间都花在做实验上，那么你还有时间思考吗？"停了一下，他继续引导学生说，"不要死记硬背，也不要满足于实验，要学会思考。只有勤于思考和善于思考的人，才能获得知识，取得成就。"

卢瑟福不但具有极强的实验能力，他还非常注重思考，根据实验和思索的方法取得了巨大成功。他认为思考得越多，实验的成功几率才会越大，作为实验室主任的卢瑟福甚至向大家提出要求，每天的实验室工作必须停止一小时，以便腾出时间进行思考。

1910年，卢瑟福带领学生用α粒子轰击一张极薄的金箔，他们想通过散射来确认原子"葡萄干蛋糕"模型的大小和性质。

什么是原子葡萄干蛋糕模型呢？这要从1897年说起，汤姆逊在研究阴极射线的时候，发现了原子中有电子的存在，打破了"原子不可分割"的观点。原子具有自己的结构，但这个结构到底什么样，汤姆逊拿不出实验证据，于是创造一个假说：猜想原子可能呈球状，带正电荷，带负电荷的电子则像葡萄干，一粒粒镶嵌在这个球型蛋糕上。汤姆逊形象地称之为原子"葡萄干蛋糕"模型。

卢瑟福和学生曾经做过多次实验，其结果与模型性质基本吻合，α粒子可以顺利穿透原子葡萄干蛋糕模型，可是这天的实验却获得了反常的结果，大家十分吃惊。简单地说就是：当α粒子打向金箔后，少数α粒子反弹了回来，这几乎不可思议。卢瑟福形象地打比方说："这就像你用15英寸的炮弹向一张纸轰击，结果这炮弹却被反弹回来，反而击中了你自己一样。"

这种现象与"葡萄干蛋糕"模型完全不符。1903年汤姆逊提出的原子模型中，正电荷均匀分布在整个原子中。α粒子穿过这样的原子时，只有α粒子轨迹附近的少量正电荷对α粒子起作用，不可能使α粒子的运动方向作显著改变。

而这次实验表明，α粒子不但改变了运动方向，而且改变得特别大，反弹回来的散射角度特别大，超过了90度。α粒子为什么反弹回来？是受到电子影响吗？肯定不是。因为α粒子的质量约是电子质量的7300倍，α粒子的运动速度高达106米/秒左右，根据力学中的碰撞规律，电子不可能使α粒子的运动方向作显著改变。

还有一点值得注意，反弹回来的α粒子很少，只占1/8000。卢瑟福由此推想，可能是它们和某种坚硬的核发生了碰撞。这个核应带有正电荷，而且集中了原子的大部分质量。只有少数α粒子反弹，说明和它相撞的那个核所占据的体积很小，不到原子半径的万分之一。

接下来，卢瑟福依据他的判断，再按照经典理论推导出α粒子的散射公式，以此进行计算，其结果与实验测得数据非常符合。于是，卢瑟福认定这种反向散射只能是单次碰撞的结果，而只有原子质量绝大部分都集中在一个很小的核中，才可能得到这个数量级的碰撞。

卢瑟福决定修改汤姆逊的"原子葡萄干蛋糕"模型，提出新的原子结构假说：

原子核占有原子绝大部分的质量，居于原子中心。在原子核周围，带负电的电子沿着特定的轨道绕核运行。很像一个行星系统，所以把这个模型称为原子"行星系统"模型。虽然这一模型不符合经典电动力学说，但卢瑟福坚信由实验得出的结论是千真万确的。

然而，物理学家并不认同这一假说，只把它当成一种猜想。因为这个看起来完美的模型有着严重的缺陷，其中一个致命的弱点就是正负电荷之间的电场力，导致它们互相吸引，电子无法稳定运行，瞬间就会坠毁。在这个模型中，电子运行的稳定性问题，如果解释不了，就不能证明卢瑟福模型是正确的。

虽然这个模型有实验基础作支持，但经典力学却说明模型是错的，无法稳定存在。如何解决这个矛盾，也就是说，如何解释卢瑟福原子模型的稳定性问题，就成了一个难题，相当于一场物理理论革命。

而这场革命在卢瑟福的实验室已经拉开了帷幕，主角马上登场，这就是玻尔。

再看玻尔，最初来曼彻斯特时，并没有关注卢瑟福的原子模型，主要是冲着放射性研究来的。他曾说过："当我到曼彻斯特去的时候，我将学会放射性技术，感觉真是太妙了。"卢瑟福也曾经说过："玻尔是一位丹麦的学生，他离开剑桥到我这儿来，是想学一点放射性的技术。"

因为当时没人把卢瑟福的原子模型当真，就连卢瑟福也不常提起，他似乎并没意识到他的发现是划时代的。卢瑟福作为实验物理学家，对于从少数实验中推出的普遍理论，总是万分谨慎，宁愿抱怀疑态度。而玻尔恰好相反，热衷于从已有的实验事实中抽象出一个普遍的理论。

刚来曼彻斯特时，玻尔还想把自己的博士论文拿给卢瑟福看，商讨出版的方法，但后来放弃了。因为玻尔发现，在卢瑟福身边，几乎都是实验物理学家，对理论研究感兴趣的人很少。玻尔一直希望做理论研究，而卢瑟福却安排玻尔到实验室去研究铝对 α 粒子的吸收。玻尔在给弟弟的信中表达了他的感受："我必须坦白地说，我还不能肯定从卢瑟福让我做的工作中能得到多少成果。"他甚至埋怨说，"这儿找不到一个真正对基本理论感兴趣的人。"

尽管如此，曼彻斯特的生活仍然使玻尔感到欣慰，因为卢瑟福对年轻人的态度很热情，常来实验室问寒问暖，亲切指导，而且按时听取研究进展情况报告，与学生共同讨论。还有一点值得提起的是，卢瑟福特别欣赏玻尔的才能。有一次，赫维西问卢瑟福一个问题，老师立即回答说："去问玻尔。"有人问老师为什么那么信任他，卢瑟福幽默地说："玻尔与众不同，因为他是足球运动员。"受到著名科学大师的赏识，玻尔很满足，这冲淡了他的忧虑心情。

就在这时，玻尔遇上一件小事，使他开始关注卢瑟福原子模型，由此一发而不可收，成为物理学理论革命的一颗明星。机遇悄悄降临在玻尔身边，但是机遇总是留给有准备的人，玻尔以特有的敏锐和创造性思维抓住了这个机遇。上帝向他露出了微笑。

这件小事要从赫维西说起。赫维西比玻尔大两个月，匈牙利人。玻尔性格腼腆，赫维西豪爽大方，老于世故，两人成了互补型好朋友。也是他把玻尔带进了卢瑟福的学术集体之中，热情帮助玻尔熟悉放射性实验。赫维西聪明伶俐，喜欢开玩笑。他长期研究放射性问题，常常戏说自己放射性"光辉应用"的故事。

那是他住在公寓时，发现为他做饭的老板娘总给他吃剩菜，为此提出了抗议，但她不承认，因为赫维西空口无凭。可赫维西自有办法，悄悄弄了一点放射性物质放进剩菜里，结果第二天盘子里的菜，就戏剧般地出现了"放射性"，由此揭穿了老板娘的鬼把戏。

玻尔到曼彻斯特之后，赫维西正忙个不停。卢瑟福让赫维西分离一些放射性新元素，但他怎么也办不到，于是产生一种想法，因为放射性物质和非放射性物质总是配对存在的，他想从这个方面着手，找到分离方法。赫维西把他的想法告诉了玻尔，针对这种现象，玻尔认真帮助他分析失败的原因，突然，玻尔产生了灵感，立即把赫维西分离失败的现象，与有核原子模型联系到一起。

这个线索给玻尔带来启示，玻尔眼前一亮，觉得思路很清晰。他分析说，这些元素之所以不能分离，也许还有一些深层原因。如果元素的化学性质是电子决定的，那么这些不能分离的元素，很可能具有相同的电子数；而它们之所以不同，极有可能是原子核不同。

玻尔的分析，也是基于一个事实。因为在1910年，人们就知道了化学性质完全相同的一些元素，原子量是不同的。

玻尔再次产生灵感，突然意识到"元素放射性衰变的问题，当放射性元素发射 α 或 β 粒子时，这个元素在周期表上的位置将分别后移两格或前进一格"。玻尔的这个想法非常了不起，因为在一年以后，索迪(诺贝尔化学奖获得者)用"同位素"理论证实了这一点。这就是后来众所周知的"放射性位移定律"。

如果玻尔的这个想法，在当时能及时得到导师的支持，那么索迪的诺贝尔奖很可能被玻尔获得。可卢瑟福为什么不支持玻尔的想法呢，分歧在于玻尔认为 β 粒子是从核里发射的，卢瑟福认为 β 粒子是电子发射的。

后来，玻尔对采访者说："当我把想法告诉卢瑟福时，特别想知道他怎么看。老师像通常一样，对复杂问题简单化的结果都充满兴趣，但他用一贯的谨慎，警告我不要对原子模型的作用过分夸大，更不要在不充足的实验现象上建立过多的理论。"

玻尔说他的推理可以证实卢瑟福的原子模型，还想把推理写成论文发表。但后来不知道被什么事岔开了。玻尔试图说服导师："要不了多久，我的想法将会成为您的原子模型的理论基础。"当时，卢瑟福很忙，没有耐心听玻尔的解释，也许他不相信玻尔的观点，或者也估计不出其中的价值。后来，玻尔为了深入探讨这个问题，找了卢瑟福五次，可还是没有得到导师的支持。

机遇再次降临，就在玻尔回国前一个月，出现了转机，从而引导玻尔走进了崭新的研究领域，并很快获得成功。

2. 找到创建量子力学的突破口

事情是这样的，玻尔的实验因为缺少镭，他需要等几天才能继续工作。在等待的日子里，他偶然读了数学家达尔文写的关于"α射线的吸收和散射"的一篇论文。作者达尔文是著名的老达尔文的孙子，他是卢瑟福身边唯一的专搞理论研究的助手。

玻尔读完这篇论文，异常兴奋，因为他发现这个理论不但在数学计算上有点儿小错误，而且在基本概念上也犯了错误。于是，围绕如何纠正这个错误的问题展开思考，触动玻尔突发奇想，可以尝试用量子规律来解决核原子的稳定性问题。并考虑发表有关理论的论文。玻尔在写给弟弟的信中也说了这件事。

达尔文假设电子在与α粒子碰撞时，电子是自由的。而玻尔认为，电子应该绕核旋转，像弹性物体在核周围形成一个"原子振子"，这是他以前就有的想法。现在他更加确信，绕核运动的电子决定了元素的化学性质。但如果这种电子绕核转动的结构是真的，那就要找到办法，解决原子稳定性的问题。

玻尔反复思考，得出一个结论，他认识到，经典物理学规律不可能应用于微观的原子世界，因为受到了限制，与实验事实相矛盾。这一点，已经在1900年，由普朗克辐射公式和能量子假说的发现揭示出来，特别是经过爱因斯坦的研究，已经在比热和光化反应的说明方面得到了应用。因此，应该像普朗克和爱因斯坦那样，考虑量子定律，建立一种新的理论，而这种理论与经典物理学不同，是把量子概念与物质的原子构造联系起来考虑。

玻尔抓住了问题的关键，要想使卢瑟福模型立得住，就必须找到一种办法，既解释清楚稳定性问题，又要求出原子半径。电子的电荷和质量应是计算的主要常数，还有，那个普适常数该是什么呢？

接下来，玻尔不分昼夜地用数学计算来证实自己的想法是否正确。玻尔常常忘记吃饭，赫维西和达尔文叫他出去吃饭，他也不理，气得大家都想把他拖出去，同学们拿玻尔的固执没办法，批评他急于求成。但玻尔说怎么能不急呢，他要赶在留学结束之前写好论文。

玻尔终于在7月6日这一天，写好了论文提纲，交给了卢瑟福，这就是著名的《卢瑟福备忘录》，从此载入科学研究的史册。玻尔初次运用量子概念，来解决卢瑟福原子模型的稳定性问题，由此找到了突破口。

回国之前，玻尔又找卢瑟福谈了一次，他向导师详细介绍了自己的两个重要想法：一是从有核原子模型研究结果来看，有可能用它对元素化学性质的周期规律提出合理解释；二是原子的稳定性，必须用量子理论来解决。

卢瑟福对于理论一贯存有戒心，提醒玻尔不要过分依赖他的原子模型，因为在实验证据不充分的情形下推出理论太危险。但卢瑟福提醒完之后，马上改变态度，与玻尔热烈讨论起来，他建议玻尔从最简单的氢原子着手，解释稳定性问题可能会更清晰。他还鼓励玻尔深入研究下去，完善提纲内容，写出论文，准备发表。

受到导师的肯定和鼓励，玻尔高兴极了。但他并没有意识到，他已经置身于物理学理论变革的历史洪流之中了，而推动这场革命的人正是他自己。

1912年7月24日，玻尔结束了在英国的学习生活，一是卡尔斯伯基金会提供的留学赞助到期，二是未婚妻玛格丽特正等着他回国完婚。玻尔带着对未来的美好憧憬和希望回到了丹麦。

1912年秋，玻尔开始在哥本哈根大学任教。当时，原来教过玻尔的克里斯蒂安森教授已经退休，原来的讲师鲁德森接替教授席位，玻尔就成了鲁德森教授的助教。除了给非物理系的学生讲授物理学课程，以及在实验室工作以外，玻尔还开了一门选修课程《热力学的力学基础》。

玻尔一直惦记原子模型稳定性问题，可是研究没有什么进展，他很着急。在1912年11月4日写给卢瑟福的信中说："我还没有完成关于原子模型的论文并把它寄给您，十分抱歉。但是，我一直有那么多的课要讲和实验室的工作要干，所以剩下的时间就很少。我已经在色散问题方面取得了某种小的进展。但是，也正是在这一计算中我遇到了起源于其体系不稳定性的严重困难，这种困难使我无法将计算进行到所希望的程度。"

卢瑟福回信宽慰他："我并不认为你迫切需要急于发表关于原子构造的论文，因为我认为没有任何人可能做这方面的工作。我希望你能成功地克服困难。请向玻尔夫人致亲切问候，希望你们安好。"

1913年初，玻尔正式被任命为讲师。这一学期，玻尔和每个年轻教师一样，忙得不可开交，每天骑着自行车匆匆赶到学校，很晚才回家。但玻尔始终没有忘记那个困扰他的问题，尝试各种方法，力图找到答案，如何把量子的概念结合到卢瑟福模型中去，如何打开这把锁，玻尔不知道那把金钥匙在哪里，但他绝不会放弃，他相信，一定能找到一条正确的道路。

现在，玻尔面临着选择，要么放弃卢瑟福模型，要么放弃麦克斯韦理论。经过一番思考，玻尔鼓足勇气放弃了后者。他以一种深刻的洞察力意识到，在原子这样的微观世界里，经典物理理论已经派不上用场，必须引入新的革命性思想，而这个思想应该就是量子规律。

玻尔设计的这条路线相当困难。推翻麦氏理论本身就是难题，更何况创建的新理论，必须保证能够正确解释原子的一切特点，首先要解决稳定性问题。这可是难上加难的事。当时，门捷列夫的元素周期律被发现以后，化学键理论已经建立起来。这些迹象都告诉玻尔，在原子内部，一定有一种规律支配着它们的性质，并形成某种特定的模式。

正当玻尔苦苦求索的时候，与汉森的一次谈话，启发了他，使他找到了解决问题的突破口。

汉森刚从格廷根大学学习归来，受聘于哥本哈根综合工艺学校，在实验室任助教。他是研究光谱的学者，思想活跃，与玻尔关系不错，两人常常在一起讨论有趣的问题。

这天，玻尔和汉森谈到原子结构问题。汉森很感兴趣，也非常钦佩玻尔的执著精神。汉森听完玻尔的介绍后立即追问："你的原子结构理论能不能解释原子的某些光谱公式呢？"玻尔觉得无法办到这一点。

对于这个问题，玻尔还没认真思考过，只是认为用原子结构理论来解释如此复杂的光谱现象，恐怕没有希望。然而，汉森告诉玻尔，光谱并不复杂，这里面有规律，比如巴耳末公式。

汉森的话提示了他，于是玻尔认真查阅了关于巴耳末公式的资料，正如汉森说的那样，氢光谱公式的确很简单，只是玻尔早已忘了这个巴耳末公式。多亏汉森的提醒，使处于困惑期的他得到巨大启发，玻尔眼前一亮，就像触了电一样，灵感突然爆发出来。正如他自己后来不止一次地说过：一看到巴耳末公式，整个问题对我来说全都清楚了。下面就是巴耳末公式，并不复杂。

巴耳末公式揭示了原子光谱的规律，原子光谱不是连续的，对于同一种物质来说，各条谱线都有一定的波长，而各波长之间的比值非常有规律，R是一个常数。

玻尔的内心受到强烈震撼，他豁然开朗。一年来的苦苦求索，终于找准了方向，他知道，自己已经看到了新理论诞生的曙光。

一个大胆的想法在玻尔的脑中浮现出来：原子内部只能释放特定能级的能量，说明电子只能在特定的"势能位置"之间转换。也就是说，电子只能按照某些"特定的"轨道运行，这些轨道，必须符合一定的势能条件，从而使得电子在这些轨道之间跃迁时，释放特定能级的能量，并符合巴耳末公式。

在卢瑟福模型里，电子像行星一样绕着原子核打转。当电子离核最近的时候，它的能量最低，一旦电子获得特定的能量，它就获得了动力，向上"攀登"一个或几个台阶，到达一个新轨道。如果没有了能量的补充，它又将从那个高能的轨道上掉下来，回到低能状态为止，同时把获得的能量，以辐射的形式释放出来。

在这一过程中，电子释放或吸收的能量，有能级之分，就像上下楼梯的"台阶"，必须具有一定的高度差别，而不能像经典理论假设的那样是连续而任意的。

玻尔现在清楚了，氢原子的光谱线代表了电子从一个特定的台阶跳跃到另外一个台阶所释放的能量。因为观测到的光谱线是量子化的，所以电子的"台阶"也必定是量子化的，它不能连续而取任意值，必须分成"底层"，"一层"，"二层"等，在两层之间，是电子的禁区，它不可能出现在那里。如果电子在"三层"，它的能量用W3表示，那么当这个电子跳到"一层"时，能量变成W1，释放出了W3-W1的能量。所以这一电子运动的结果就是，一条频率的谱线出现在该原子的光谱上。

上面是形象的通俗解释，玻尔把这些思想，以规范的逻辑思维进行了理论推导和数学计算，形成了论文，寄给了导师卢瑟福。

1913年3月到9月期间，卢瑟福陆续收到玻尔的论文，并大力推荐，发表在英国《哲学杂志》上，由于论文太长，只能分三次刊登，题目为《论原子和分子的构造》、《单原子核体系》和《多原子核体系》。

这三篇文章，可以说是量子物理学历史上划时代的文献，被玻尔的学生罗森菲尔德称之为"伟大的三部曲"。它的发表，引发了经典物理学界一场重大的历史变革，改写了物理学历史，也为量子力学和原子核物理学的诞生奠定了基础。

狄拉克(1933年获诺贝尔物理学奖)曾经高度评价玻尔的三部曲，他说："这确实是物理学家自然观方面的一种巨大发展，而且它们或许激烈得不能仅仅被说成是克服成见。"他还说，"我记得第一次听到玻尔的理论时，感到非常惊奇，因为以前在整个原子世界笼罩着一种神秘气氛……是玻尔理论打开了我的眼界，使我看到了一个新的世界，一个非常奇妙的世界……我认为在量子力学的发展过程中，玻尔引进的这些概念是迈出了最伟大的一步。"

3. 玻尔震惊了世界

伟大的"三部曲"问世以后，立即引起各种反响。最早的赞赏应该属于卢瑟福。

玻尔完成了论文的第一部分初稿之后，立即寄给导师卢瑟福，并在信中写道："我希望您将发现，对于同时应用旧力学和由普朗克辐射理论所引入的新概念这一奥妙的问题，我采取了一种合理的观点。我十分急切地希望知道您对这一切将有什么看法。"

卢瑟福在3月20日复信时，表示了赞赏："你的关于氢光谱的起源方面的想法很巧妙，而且看来也很适用。……我将把它寄给《哲学杂志》，如果你能将论文的篇幅减到适当的分量，我会更加欣赏。……附带提到，我对你的有关福勒光谱的推测很感兴趣。……

如果你是对的，那将是一个非常重要的结论。"

但在表示赞扬的同时，卢瑟福也提出了他的疑虑："将普朗克的概念与旧力学混合在一起，很难使人对它的基础形成一个物理概念。我还认为，你的假设中有一个严重的困难，这个困难我毫不怀疑地认为你也充分意识到了，那就是当电子从一个定态过渡到另一个定态时，它将以什么频率来振动呢?在我看来，你似乎必须假设电子事先就知道它将在什么地方停下来。"

玻尔看到卢瑟福的支持和鼓励，非常高兴，这对玻尔来说意义重大。当然，卢瑟福的疑虑和批评，也称得上一针见血，指出了玻尔理论的弱点。此后十几年里，为了解决这个问题，支持者与质疑者之间展开了激烈的论战，就像在物理学界投下了一枚重磅炸弹，反响剧烈。

劳厄（1914年获诺贝尔物理学奖）是麦克斯韦理论的坚定捍卫者，认为麦克斯韦理论任何情况下都成立。苏黎世大学和苏黎世联邦理工学院，每周都要召开一次物理学学术讨论会。会上，有人报告了玻尔"三部曲"的第一部分，劳厄在会议讨论时，对玻尔的论文表示强烈反对，他把玻尔的理论说成是一派胡言。

爱因斯坦却不同意劳厄的看法，提出了不同意见，他说："非常值得注意。玻尔的理论后面一定大有文章。我不相信他纯靠运气导出了里德伯常数的绝对值。"那时的爱因斯坦已经成为柏林普鲁士科学院院士，他的相对论也引起了科学界的重视，威望越来越高。因此，爱因斯坦对玻尔新理论的态度非常重要，特别是支持玻尔的人，更加希望这位物理学界的明星站在玻尔一边。

这年9月，爱因斯坦受到普鲁士科学家学会和物理学学会邀请，来到奥地利维也纳讲学。正巧，玻尔的朋友赫维西也来了，在会议休息的时候，他碰见了爱因斯坦，二人谈话过程中，赫维西问他对玻尔理论的看法。

当赫维西知道爱因斯坦支持玻尔理论时，非常高兴，当天回去就兴致勃勃地写信，把谈话内容转告玻尔。

爱因斯坦说玻尔理论是一个很有趣、很重要的理论。他在多年以前就有很相似的想法，但是没有勇气去发展它。当赫维西告诉爱因斯坦皮克林——福勒光谱是属于氦的。爱因斯坦非常吃惊，并且肯定地说："那么，光的频率就完全不依赖于电子的频率了，这是一个巨大的成就。那么，玻尔理论一定是对的。"

对玻尔的新理论，柏林方面的科学家反响也很积极。瓦尔堡回忆记者采访时，他说："在玻尔的第一篇论文发表以后，柏林物理学会的反应异乎寻常。"在一次报告中还说过，"玻尔的论文是一篇非常重要的论文，这是一个了不起的进展，玻尔取得了真正的成功，当玻尔说普朗克的常数h将是了解原子的关键时，我相信，几百位听众会立刻明白这句话的分量。"

在英国，除了卢瑟福支持以外，还有剑桥大学天文学、物理学教授金斯也表示了支持。1913年9月12日，在伯明翰召开的不列颠科学促进会会议上，玻尔也应邀从哥本哈根赶来参加这次会议。英国科学家第一次对玻尔的理论进行了公开讨论。金斯在会上作了关于量子理论应用于原子结构和辐射理论的综述报告。在报告中金斯几乎是充满激情地说："玻尔博士对光谱系规律做出了巧妙而卓越的解释。我觉得还应该加上'令人信服的'这5个字。"他还说，玻尔取得的成果，"太显明了，我们不能把它看做是偶然的成功而不重视它"。

金斯的支持让玻尔十分振奋,因为金斯是英国很有名望的学者。《自然杂志》也刊登了金斯发言的消息。在金斯的支持下,英国伦敦的《泰晤士报》于会议第二天,也刊登了有关玻尔和他的论文的报道。

对于众多科学家的回应,玻尔深受感动,虽然褒贬不一,但有这么多大师级的人物,来讨论他这个名不见经传的年轻人的论文,这本身就是一件激动人心的事。

1913年11月16日,英国科学家莫斯莱也写信给玻尔,大力赞扬玻尔的理论:"你的理论正在对物理学发生了不起的影响,我相信,当我们真正清楚原子是什么的时候(我相信用不了几年的时间),你的理论即使细节上有差错,也仍然值得充分信赖。"

莫斯莱是个了不起的物理学家,他最大的贡献是发现了被科学界以自己名字命名的定律——莫斯莱定律。1913年测定了50多种元素的X射线光谱,从中发现了光谱特征线的频率和元素的原子序数具有内在关系。从而,第一次确立了原子序数与核电荷数、与核内质子数相等的关系,并由此得出结论,按原子序数排列的元素周期表,比按原子量排列的更为科学。他为化学、核物理学和原子化学的发展做出了卓越的贡献。

可惜,第一次世界大战夺去了他的生命。大战爆发后他应征入伍,上了战场,成了一名中尉。1915年8月10日,在土耳其加利波利半岛登陆战役中,不幸中弹身亡,年仅27岁。莫斯莱的早逝,给科学界带来极大的悲哀,特别是他的导师卢瑟福,一直非常懊悔自己当年没有把他劝留下来。如果他还活着,对于他的成就,肯定会获得诺贝尔物理奖。

这位物理学界新秀的评论自然会受到重视，所以派斯说，"莫斯莱对玻尔的评论，是所有评论中最恰当和最简洁的一个。"派斯曾写过一篇文章，还把莫斯莱的评论作为引言。

同时，对玻尔理论持怀疑和反对的评议也非常强烈。因为玻尔理论严重地违背了经典物理学规律，受到怀疑和反对是必然的事情。卢瑟福和有一些科学家虽然也有怀疑，但只是针对不完善的地方，在根本问题上是赞成的，而另一些科学家与卢瑟福不同，是从根本上否定和反对，并且立场鲜明而肯定。在我们上面提到的伯明翰科学促进会会议上，就有几位科学界的大人物提出了疑问。首先是洛伦兹，当玻尔对自己的理论作了简单介绍以后，他立即问道："你的原子从力学上应该如何解释呢？"

这个问题很难回答，虽然肯定了经典力学对原子结构无法做出正确解释，但新的量子力学还没有建立起来，玻尔的研究刚刚开始，因此他无法回答洛伦兹的问题，只好说："我们接受了量子理论之后，才能再研究这个问题，这是必然的事情。"汤姆逊的反应更加苛刻，他提出氢的同位素问题，让玻尔解释。这也是无法办得到的，因为这是进一步研究之后，才能着手研究的细微问题，这与新理论的正确与否并没什么密切关系。

玻尔在汤姆逊的追问下，只好提出了他的不成熟的设想，"它们可能是三倍于氢原子核重量的氢原子。"玻尔还建议用氢和氙的混合物通过金属钯的热扩散实验来检验。在那个历史阶段，人们还没有中子的概念，所以很难接受玻尔的观点。

汤姆逊和拉姆赛商量了一下，就下结论说玻尔的实验建议没什么价值。从今天的角度看，玻尔当时的设想已经很了不起。可是，对于玻尔的建议，在没有实验验证的情况就给予否定，汤姆逊的态度起码是轻率的。这只能表明，汤姆逊不相信玻尔的理论。

就在玻尔发言的前一天，汤姆逊也宣读了自己的一篇《论原子结构》的论文。在这篇论文中，他提出了一个原子结构模型。通过这个模型，不必利用任何经典物理学原理以外的原理，就可以解释诸如光电效应、能量按量子化吸收等许多现象。

汤姆逊提出的原子模型与玻尔的完全不同，二者之间存在着水火不相容的矛盾。

与会者对两个理论的反应也不相同，热议玻尔的理论，却没人讨论汤姆逊的。这种鲜明的对比，恐怕会刺激汤姆逊，更加不愿意接受玻尔的理论了。

这以后，一直持续了多年，汤姆逊仍然不接受玻尔的原子结构理论。在他1914和1923年出版的两本论原子结构的书中，也没有提到玻尔量子理论。直到晚年，汤姆逊80岁时，才在他的一本回忆录中提到玻尔1913年的论文。他在书中写道："这些论文使光谱学的某些部分从混乱走向了有序。我想，这是量子理论对物理学最有价值的贡献。"但这已经是1936年的事了，量子力学早已被世人公认，而汤姆逊的评价却只有这么一点。也许汤姆逊对玻尔存在偏见，或者对量子力学存在偏见。

在伯明翰会议上，拉摩尔爵士十分郑重地请瑞利勋爵对最近物理学的发展发表意见。大家当然很想知道他的观点，因为瑞利是大名鼎鼎的老前辈，对辐射现象有过深入研究，做出了重大贡献，并于1904年获得诺贝尔物理学奖。但他的态度很特别，既不赞成，也不反对。

瑞利说："我在年轻的时候很坚决地持有许多看法，其中一个看法就是：一位过了60岁的人不应该对摩登的见解表示他自己的看法。尽管我得承认，我自己今天并不怎么笃信这一观点，但是它还足以使我超然于这场讨论之外。"

瑞利到底是支持还是反对，大家的理解不同。有人认为，这种王顾左右而言他的态度不是赞赏，似乎是对其他科学家的肯定态度表示不满。应该把瑞利的态度归入反对一边。还有人认为，瑞利没有研究过玻尔的论文，因此无法提出自己的见解。

事后，瑞利的儿子问过父亲，到底看过玻尔的论文没有，瑞利回答说："我看过，但它对我没有用处。我并不认为按玻尔的方式得不到新发现，相反，倒是极有可能。但是，它不合我的胃口。"

再把目光转到德国，最先做出反应的是索末菲，他是德国慕尼黑大学教授，虽然后来对玻尔氢原子模型做出了重大发展，但当时他的态度很谨慎，在1913年9月4日给玻尔的信中说，用普朗克常数h算出了里德伯常数，是一件巨大的功绩，但他又坦言，"目前我对一般的原子模型颇有怀疑。"

格廷根的反应当然重要，玻尔十分重视，因为格廷根在当时已经是世界数学、物理学的中心之一。弟弟哈拉德传来了格廷根关于玻尔的信息，他给哥哥的信是这样写的：

"这儿的人对你的论文很感兴趣，但很多人，尤其是玻恩、马德隆等，都不相信你的论文是客观、正确的；他们认为你的那些假设过于大胆和异想天开。如果氢—氦光谱的问题可以确定地得到解决，那就会有一种轰动性的效果。你的所有反对者都坚持一种看法，他们认为没有任何理由相信那些谱线不是氢谱线……至于尼科耳森，他说你取得一致性结果是运气，信手拈来的一些数字都可以凑出一个符合的结果。"

据罗森菲尔德的回忆，一些在光谱学方面享有盛名的科学家，如龙格（格廷根大学教授)等人，对玻尔的理论持非常怀疑的态度，其他科学家也没有"认真对待玻尔的新理论"。

这种不信任态度，在德国理论物理学家朗德的回忆中，也说得很清楚："1914年初夏，玻尔到格廷根研讨班作报告，玻尔的德语讲得很糟，声音又特别轻。听众议论纷纷，坐在前排的大人物，都摇头说：'如果他说的不是胡说，至少也毫无意义。'报告之后，玻恩对我说：'玻尔讲的绝对古怪和不可信赖，但是这位丹麦物理学家看起来非常像是一位有创造能力的天才，因此无法否认，也许他讲的还真有些东西……'"

物理学的新理论无论它多么古怪、不可思议，也无论它给科学界带来多么巨大的轰动，最终能否被科学界接受，取决于实验的检验。

玻尔的原子结构理论，由于漂亮地推出了由实验确定的巴耳末公式中的常数，使所有物理学家震惊，一部分人由此相信玻尔的新理论一定有些名堂，不可能是偶然事件，给予积极地肯定和支持，但还有更多的科学家持反对意见，虽然他们也惊叹这一研究成果，但要他们信服玻尔的理论，那还是不可能的，因为实验事实太少了。

实际上也是如此，仅凭一个实验来说明新理论，显然缺乏说服力。大家期待着，希望看到根据玻尔新理论做出的预言变成现实，用事实来说话，只有这样，才会让那些怀疑者和反对者心悦诚服。

因此继玻尔之后，许多科学家开始探索实验证明方法。像尼科耳森等人，把问题集中到一个焦点上，就是氢—氦光谱。如果能够用实验证实，氢—氦光谱真是玻尔预言的那样，就是氦光谱，"那就会得到一种轰动性的效果"。

4. 功不可没的实验

玻尔知道，当务之急是用事实说话。为了尽快说服众多的怀疑者，必须从实验入手。下面讲述两个最有名的实验，一是皮克林谱线实验，二是弗兰克—赫兹实验，它们对玻尔的理论研究立下了汗马功劳。

先说皮克林谱线的实验。皮克林是美国物理学和天文学教授，曾担任过麻省理工学院物理学教授和哈佛大学天文学家，后来还担任过哈佛天文台台长。他在光谱学的研究方面做出过卓越的贡献。

1896年，在哈佛大学天文台任职的皮克林在船舻座 ε 星的光谱中发现了6条特殊的谱线，他在分析了这些谱线之后，发现这些谱线属于一个从未遇到过的线系，皮克林还推出了适合这种线系的公式，称为皮克林公式。皮克林把这些谱线归属于氢谱线。

无独有偶，在1912年，皮克林发现的谱线，又被英国科学家福勒在实验室里发现了。福勒用充有氢氦混合物的放电管做放电实验时，发现了这些谱线。他也像皮克林一样，把这些谱线归在氢谱线系列里。

但玻尔在"三部曲"的第一部中，根据他的新理论进行分析，得出了与他们不同的结论，那些谱线是氦的。玻尔指出，如果皮克林—福勒谱线属于氦的话，那就可以很自然地说明这些线系。可是在实验中，为什么在"普通的氦管中没有观察到皮克林—福勒谱线"，玻尔认为，这是由于"在这样的管子中氦的电离不像在船舻座 ε 星中或在福勒实验中那样完全"。玻尔的意见是有道理的，恒星高温造成的电离自然是实验条件很难模拟的。

按照玻尔的理论推算，出现皮克林—福勒光谱的条件是：氦原子失去外围两个电子，成为氢离子态时的状态。尽管玻尔在论文中说得头头是道，有公式，有预言，但许多人就是不相信，这也包括福勒本人。

面对大家的怀疑，玻尔并不奇怪，他事先已经估计到这一点，因为还没有人进行过针对性的实验研究。但玻尔已经胸有成竹，想好了实验证明的方法。

早在论文的第一部分完成之前，玻尔就针对皮克林—福勒谱线问题，写信给卢瑟福说："如果我的观点是对的，这些谱线也会出现在充有氦和氯(氧或其他电负性物质)的混合物管子中，而且各谱线在这种情况下还会更明亮一些。但是，哥本哈根现在不可能满意地完成这种实验，因此我想问一下，您有没有可能在您的实验室里完成这一实验，也许您可以把这一建议转告给福勒先生，他所用的实验装置也许还没有拆除呢。"

3月20日，卢瑟福在回信中写道："……我对你的有关福勒光谱的推测有很大兴趣。我把这事告诉了伊万斯，他说他也很有兴趣，我想当他下学期回到这里时，也许能做这方面的实验……"

伊万斯是福勒的助手，重复一下做过的实验，当然不算难事，更何况他也很有兴趣。于是，1913年夏天，伊万斯回到曼彻斯特以后，立即进行实验，在放电管中充满纯净的氦，结果，发现了福勒谱线，的确没有看见氢谱线的影子。伊万斯把自己的观测结果以《氢和氦的光谱》为题，刊登在9月4日出版的《自然》杂志上。

面对实验结果，福勒还是不相信自己错了，立即用了和伊万斯文章相同的题目写信给《自然》杂志，并于9月25日刊出。他认为："目前在我看来，玻尔博士的理论并没有给出很多证据来表明氦是所讨论的那些谱线的本源。"福勒还指出，放电管中的情形是非常复杂的，伊万斯的放电管中可能混有少量氢，而氦的存在很有可能影响了氢，使它放出了一般不会放出的谱线等等。

10月23日，玻尔在出版的《自然》杂志上，也以同样的题目对福勒的意见作了全面的分析。并且运用"约化质量"的概念对以前的计算作了改进，通过精确的计算，使结果更有说服力。计算结果与光谱观测完全符合，而更重要的是，玻尔还由此预言了氦的其他一些谱线。虽然当时还没观察到，但后来被证实了。

福勒在10月14日写了一封信给《自然》杂志，同意玻尔的观点。并刊登在玻尔文章的后面。从时间上看，可能是玻尔与福勒私下交换过意见，取得了共识。

福勒在信中写道："我很高兴能与玻尔博士讨论关于氦和氢谱线的问题，而且我要高兴地承认，他给出的精确方程和观测到的谱线精确相符。"

这样，玻尔的预言：皮克林—福勒谱线归属于氦谱线，终于在实验中得到满意的证明和解答。

爱因斯坦得知这一消息后，惊叹地对赫维西说："这肯定是最伟大的发现之一了。"哈拉德信中所期望的"轰动效应"终于出现了。玻尔特别高兴，更加坚定了深入研究新理论的信心，继续寻找实验证明方法。

就在这时，玻尔意外地遇到了一个绝好的实验证明，这个实验就是"弗兰克—赫兹实验"。由德国物理学家弗兰克和赫兹（发现电磁波的赫兹的侄子）俩人合作完成。这个实验，被人们称为现代物理学的关键性实验之一。他们两个人也因为这个实验对量子理论的贡献，获得了1925年诺贝尔物理学奖。

然而，这个实验证明玻尔理论的过程一波三折。在很长一段时间里，弗兰克和赫兹一直否认他们的实验证实了玻尔的理论。

弗兰克是德国著名物理学家，从小天资聪明，被誉为"神童"。一生从事科学活动60多年，在格廷根大学期间，他与玻恩联手共同创造了辉煌，被人们称之为"玻恩—弗兰克时代"。

1911年开始，弗兰克和赫兹对气体放电的问题产生兴趣，展开了一系列研究。要讲明白他们的实验，先要说说电离电位的问题。

在电子、原子和分子之间相互碰撞的过程中，不论通过什么方法给原子以足够的能量，一个电子或几个电子就能够从原子中挣脱出来，原子就成了离子。如果利用电子碰撞的方法使原子获得能量而电离，再测定使原子电离的能量。这个使原子发生电离的电位差就是"电离电位"。测量的方法是，先测出加速电子的电位差，这样，原子电离的能量也就知道了。

弗兰克和赫兹研究这些问题时，使用了勒纳的实验装置。一开始他们并没有达到目的，但他们认为，只要改进一下勒纳的实验装置，就有可能测出气体的电离电位。他们改进后测出了水银蒸气的电离电位为4.9V，并于1914年在柏林发表了他们的实验研究报告。两人十分确信已经正确地测出了汞原子的电离电位。

然而弗兰克和赫兹的论文发表以后，科学家们除了称赞他们实验方法的巧妙以外，对他们的结论是否正确持有不同意见。有的认为他们的结论正确；但另外一些物理学家则认为弗兰克和赫兹的实验设备过于简单，靠这样简单的仪器，记录下来的只能说明发生了非弹性碰撞。至于这种非弹性碰撞，是不是真正使气体发生了电离，并没有给出令人信服的证明。

对弗兰克和赫兹实验首先提出质疑的是玻尔，他首先意识到俩人对实验结果的解释，与自己的原子结构理论有重大分歧，让玻尔无法接受。这倒不是说不符合自己的理论就不相信，而玻尔是以数学测算的逻辑关系做了正确的判断。

按玻尔的原子结构理论，可以算出汞的电离电位是10.5V，这与弗兰克和赫兹测出的4.9V相差悬殊，于是玻尔在1915年撰文分析了弗兰克和赫兹的实验结果，认为他们所作的解释有误。

玻尔认为弗兰克和赫兹测出的4.9V是电子从一种稳定态跃迁到另一种稳定态时所需的电位，即"激发电位"，而且从玻尔理论可以算出汞原子的最低激发电位正好是4.9V。如果玻尔的分析是正确的话，那弗兰克和赫兹的实验价值就大大提高了，完全可以用来证实玻尔原子理论的关键性问题，它将是第一个强有力的实验论据。这个事实说明了水银原子具有玻尔所设想的那种"完全确定的、互相分立的能量状态"，所以说，弗兰克—赫兹实验是能量转变量子化特性的一个证明，也是量子化能级的决定性的证据。可惜，当时弗兰克和赫兹没有认识到这一点，不接受玻尔的批评。在1916年撰写论文时，他们进一步肯定4.9V就是汞原子的电离电位。这显然是对玻尔原子结构理论的严峻挑战。

玻尔深刻地认识到，他们的实验没错，但解释是错误的，这关系到量子理论的命运，一点也不能含糊，必须马上澄清。可是怎么说服他们呢？当然最有效的办法，还是实验，通过实验来说话。玻尔需要更严谨的实验，更精密的数据来证明自己的判断是对的。

于是他又一次向他的恩师求助。卢瑟福答应帮忙，敦促实验室的马考瓦给予协助。马考瓦倒是痛快地答应了，可惜当时正处于第一次世界大战中，结果由于种种影响，加上实验室又遭了火灾，致使实验半途而废。

科学发展的脚步永远都不会停止。玻尔终于等来了好消息，1919年，美国哥伦比亚大学的戴维斯和古切尔两人做了这个实验。他们改进了弗兰克和赫兹的实验设备，测出了相关数据，汞的电离电位是10.5V，与玻尔的推论完全吻合。由此证明，玻尔对弗兰克和赫兹的批评是完全正确的。

第一次世界大战结束后，弗兰克和赫兹从战场上回到实验室，两位科学家经历战争的洗礼，更加成熟和理性，重新开始了气体放电的研究。他们发表了一篇题为《由慢电子与气体分子非弹性碰撞确认光谱中的玻尔原子理论》的论文，文中纠正了从前的解释：在重新审查了1914年试验后，证明4.9V电位差根本不能使汞原子发生电离，如玻尔理论所预言的那样，4.9V对应的是最低激发能。

争论到此结束，一个划时代的原子理论就这样，以无可怀疑的事实站稳了脚跟。

弗兰克—赫兹实验也由此闻名，其价值大大超出了他们原来的设想，被确认为20世纪物理学关键性实验之一，并因此而获得科学界的最高荣誉——诺贝尔物理学奖。

在获奖演说中，弗兰克深情地说："当时，我们没有认识到玻尔理论的重大意义，甚至在有关的文章中一次也没有提到这一理论。关于这一点，我自己简直不能理解。很遗憾，我们未能及时纠正我们的错误和澄清实验中依然存在的不确切之处。"

"我占用了大家的时间，叙述这些错误以及我们在一个科学领域中所走的弯路，尽管玻尔理论已为这个领域开辟了一条笔直的通途。后来我们认识到了玻尔理论的指导意义，一切困难才迎刃而解。我们清楚地知道，我们工作之所以会获得广泛的承认，是由于它和普朗克，特别是和玻尔的伟大思想和概念有了联系。"

5. 成功问鼎诺贝尔奖

玻尔学说标志着对经典物理学说的一次彻底变革，备受世人瞩目。虽然在开始的时候，许多科学家对新学说提出质疑，但玻尔学说经受住了客观的检验。

玻尔理论从几个简单的假说出发，以惊人的准确性解释了氢原子辐射谱线的精确长度，并预言还有更多的谱线存在，只是这些谱线当时没有观察到，而不久这些预言就被实验所证实。有这些令人信服的证据，玻尔学说很快就为科学界公认。

微观与宏观本来就是两个截然不同的世界，差别是客观存在的。电子、原子以及更小的粒子，常常不能被直接感知，因此，宏观世界的运动规律在微观世界的运用必然会受到限制。

这其实是非常简单的道理，但由于当时的人们受到经典物理学的束缚，再加上科学技术历史阶段的发展水平，阻碍了人们对微观世界客观规律的认识。而玻尔的非凡之处就在于他能不拘泥于传统，大胆地变换角度看问题，突破了经典理论的束缚，不断创新。

让我们再回顾一下玻尔的创举：1913年在《哲学杂志》上发表了具有划时代意义的论文《论原子和分子结构》，玻尔把量子观念引入原子；玻尔大胆提出了电子不会辐射的假说，解决了卢瑟福模型中原子不能稳定存在的困难；玻尔把普朗克能量子假说、爱因斯坦的量子化、卢瑟福模型与光谱实验巧妙地结合起来，解释了巴耳末光谱公式，即氢光谱不是连续谱，正好与量子化相对应。玻尔理论不仅得到了光谱实验的支持，而且还被弗兰克—赫兹实验所证明，玻尔的新理论有了可靠的实验依据。

1921年，玻尔发表了"各元素的原子结构及其物理性质和化学性质"的长篇演讲，阐述了光谱和原子结构理论的新发展，诠释了元素周期表的形成，对周期表中从氢开始的各种元素的原子结构作了说明，同时对周期表上"丢失"的第72号元素的性质作了预言。

玻尔在格廷根演讲时也指出：至今还未发现的原子序数为72的元素应具有和锆相似的性质，而不会和稀土元素的性质相同。也就是说，72号元素不会从稀土元素矿物中出现，而应当从含锆和钛的矿石中去寻找。而当时大多数化学家认为这个元素属于稀土元素(镧系元素)。玻尔迫切需要实验证明这一推断。

玻尔的成就举世瞩目，从1917年起，多次被提名为诺贝尔奖候选人。

1922年11月初，玻尔接到《政治家报》一位记者的电话，说他已经得到准确消息，玻尔获得诺贝尔奖了。玻尔半信半疑，爱因斯坦还没获奖，如果在他之前得奖，这让玻尔无法想象，因为他一直认为爱因斯坦早该得奖。玻尔深感不安，不愿意在爱因斯坦之前获奖。

哪知道消息果然是真的，一天下午，正在办公室里工作的玻尔，突然接到瑞典斯德哥尔摩打来的电话。电话里委婉地问道，玻尔教授最近是否有空到斯德哥尔摩来一趟？询问非常委婉，但玻尔已经意识到这不是普通的问候，这是一个信号，果不其然，他获得了1922年度诺贝尔物理学奖。玻尔放下工作赶紧回家，把喜讯告诉家人。

其实玻尔已经慢了半拍，哥本哈根全城的人都知道了。妻子早就精心准备了美味佳肴，还特地拿出了珍藏多年的香槟酒，一进门孩子们纷纷献上热烈的吻。玻尔和家人在一起欢聚了一夜。

整个国家都被这巨大的荣誉惊动了，丹麦虽然不大，但又出了一位大科学家。玻尔成了丹麦第五个获诺贝尔奖、第一个获诺贝尔物理学奖的人。丹麦人沉浸在骄傲和自豪之中。

研究所里也沸腾了，大家异常兴奋，玻尔一到，就被同事们热烈地簇拥起来，抛出的彩带罩住了玻尔，有人捧来蛋糕，还有人拉起小提琴，奏起欢快的曲子，快乐和幸福洋溢在研究所的每个角落。

　　世界各地的贺电像雪片一样飞来，来自英国卢瑟福的电报最有代表性："我们这里的每个人都衷心祝贺你荣获诺贝尔奖，而且大家都知道，只不过是个时间问题。这是对你杰出工作的最高认可，祝你在斯德哥尔摩愉快。"

　　让玻尔更高兴的是，他得到了爱因斯坦获得了诺贝尔奖的消息。原来，很长一段时间里，因为很多科学家对爱因斯坦的相对论持有偏见，无法统一意见。直到1922年秋，才授予他上年度诺贝尔物理奖，并决定把本年度的诺贝尔物理奖授予玻尔。这两项决定破例同时发布。

　　玻尔得知这一消息后非常高兴，立即写信给爱因斯坦。他在信中表示，自己之所以能取得一些成绩，是因为爱因斯坦做出了奠基性的贡献。因此，爱因斯坦能在他之前获得诺贝尔奖，他觉得这是"莫大的幸福"。爱因斯坦接到玻尔的信后，当即回了信："我在日本启程之前收到了您热情的来信，我可以毫不夸张地说，它像诺贝尔奖一样，使我感到快乐。您担心在我之前获得这项奖金。您的这种担心我觉得特别可爱——它显示了玻尔的本色。"

　　1922年12月11日，诺贝尔奖颁奖大厅里，那个激动人心的时刻到了。"尼尔斯·玻尔！"当这个名字回荡在大厅中时，玻尔站起来向观众鞠躬致意。大会主席郑重宣布："鉴于他在原子结构和原子放射性的研究工作中所做的突出贡献，授予他诺贝尔奖。"瑞典国王为玻尔颁发了证书、奖章和奖金。

　　大会主席还宣布一个令人振奋的消息，匈牙利化学家赫维西（1943年获诺贝尔化学奖）和荷兰物理学家科斯特对多种含锆矿石进行了X射线光谱分析，果真发现了72号元素铪，再次证实了玻尔理论的正确，不仅仅可以处理最简单的氢原子、氦原子，而且已能正确预言72号元素的性质，这是非常了不起的贡献。

玻尔做了题为《原子结构》的演讲。玻尔的演讲恐怕是所有诺贝尔奖获奖者演讲中最长的。玻尔的风格就是这样，不讲清楚决不罢休。

一路辉煌地走过来，到处都是一片赞美之声。但玻尔始终保持了一位科学家应有的冷静，他比别人更清楚自己的理论还有哪些缺陷和问题，亟待进一步研究和解决。玻尔在1913年12月20日，在哥本哈根物理学会的演讲中，就坦率地指出："大家一定十分清楚，我绝不是试图给出被叫做'解释'的那种东西，这里还完全没有谈到辐射是怎样发射和为什么被发射。"

"我们几乎完全是站在未开垦的土地上，从而在引入新的假设时我们只要注意不和实验发生矛盾就行了。时间将不得不证明这种矛盾将能避免到什么程度，但是，最保险的办法当然是尽可能地少作假设。"在演讲要结束时，玻尔再一次强调："在结束以前我只想说，希望我已经把自己的意思表达得足够清楚了，也相信诸位已经明白我的一些考虑和经典电动力学理论冲突到什么程度。另外，我希望通过强调这一冲突，使诸位得到一种印象，随着时间的进展，新的概念也许会消除这些冲突。"

我们从玻尔的这些演讲中，不难看出他的理性和明智，以及科学大师的风范。

玻尔谦逊的态度和美德，让很多科学家感到折服。德国理论物理学家朗德说："玻尔很不满意他设计的模型……认为它只是一种权宜之策。我认为，他经常想到这一点，把它看成是一种暂时的代用品。"而弗兰克呢，这位曾经不接受玻尔批评的科学家，更是180度大转弯，对玻尔佩服得五体投地。他甚至说，与玻尔一起工作，很容易让人自卑，因为玻尔老是反复挑自己的毛病。

事实上也是这样，科学研究的路是没有尽头的。玻尔理论刚刚创建，且仅仅解释了单电子的氢原子的某些性质，对于多电子原子，即使是最简单的氦原子，其能级规律，玻尔理论也无能为力。玻尔深刻认识到新理论的局限性，即使获诺贝尔奖演讲时，在无比激动的情绪下，他仍然谦虚而客观地指出："原子理论还处于很初级的阶段，还有很多具有根本性的问题尚待解决。"

玻尔学说的根本问题是什么呢？就是在成功解释了氢原子的光谱之后，再解释清楚其他原子的光谱。如何向前跨越，这又给科学家们提出了新的挑战。有些科学家提出，既然玻尔学说能够解释氢原子，那么稍微修正一下，也许就能找到解释其他原子光谱的方法。但玻尔并不这么看，他认为，稍加修正不能解决问题，必须彻底修正。那么，彻底修正的钥匙又在哪里？

第四章　生命的颠峰

1. 玻尔研究所

"在生活这场伟大的戏剧中，我们既是演员，又是观众，这是一个古老的真理。"这是玻尔论文中的一句话，也是他科学研究生涯的艺术写照。世界是玻尔科学艺术人生的剧场，科学研究领域则是他的人生舞台，玻尔既是一个出色的演员，也一个执著的观众。他始终把自己深深地根植于祖国的土地，他亲手创建的理论物理研究所，也与他的名字一起，永载史册。

哥本哈根常常是多雾的，白色的教堂，尖尖的钟塔在雾中若隐若现，一切仿佛都是漂浮在梦中的圣殿，怪不得举世闻名的安徒生和他的童话故事诞生在这个国度里。人们常常会在雾中迷路，但总会找到一座灰黄色的三层建筑，这就是玻尔研究所。当年在这座建筑物里工作的物理学家们，总会在迷雾中找到出路，从这里延伸出去，走向世界，同时，也在影响着世界。

岁月匆匆走过，但这里发生过的一切，仍然那么清晰，令人回味。

那时，玻尔刚刚回国，在哥本哈根大学担任讲师，由于承担了很多非物理专业的教学工作，忙得没有时间从事科研，因此在1914年向教育部提出申请，希望在哥本哈根大学设立理论物理学教授的职位，因为只有教授才配备实验室和助教。

在等待批准的漫长日子里，正赶上导师卢瑟福那里招聘讲师，玻尔一心想摆脱眼前的忙乱，希望到那去任职。虽然处在第一次世界大战期间，政治环境很不好，职位也有些屈就，但玻尔并不在意，还是携妻挈子毅然前往英国曼彻斯特去任职。

来到曼彻斯特，教学任务依然很重，可玻尔还是希望进行一些实验，以深化他的理论研究。卢瑟福也很支持玻尔的想法，但由于战争等直接因素和间接因素的影响，玻尔未能如愿。

不过，在曼彻斯特工作期间，玻尔还是写了几篇论文，有《论氢的线系谱和原子结构》、《论辐射的量子理论和原子结构》、《论快速运动带电粒子在通过物质时的减速理论》、《论量子论对周期性体系的应用》等。

在曼彻斯特，玻尔等到了让人失望的消息，也就是建议在哥本哈根大学设置物理学教授席位的申请被教育部否决了。但玻尔并不气馁，又过了一年，玻尔第二次向丹麦教育部提出申请。

直到1916年4月，玻尔从弟弟的信中得知，他的愿望实现了，玻尔被任命为哥本哈根大学理论物理学教授，并且希望他尽早回国就职。5月5日，玻尔接到正式的任命文件。7月初，玻尔夫妇离开曼彻斯特，回到了日夜思念的祖国。这次返回丹麦，与4年前一个人离开曼彻斯特不一样了，现在，他已经是物理学领域里的一颗新星、哥本哈根大学的教授，而且他马上就要做父亲了。

第一次世界大战仍然在激烈地进行，路上风险很大。幸运的是，玻尔夫妇平安无事，顺利地返回了哥本哈根。

玻尔接受教授席位的任命后，按照惯例去觐见国王。轮到玻尔拜见时，国王克里斯蒂安十世对他说："很高兴见到著名足球运动员玻尔。"

玻尔认为自己算不上著名，想必国王误会了，因为参加奥运会的足球健将是自己的弟弟，就提醒国王说："对不起，陛下可能想到了我的弟弟。"

按照传统，臣民在觐见国王时是不能反驳的。国王听到玻尔的话感到非常意外，只好重新问候，表示很高兴见到他。可玻尔的话还没说完，接着又来了一句："不过，我是一个足球运动员，但我弟弟才是那位著名的足球运动员。"玻尔觉得人活着就应该较真，这是很自然的事。

气氛有些尴尬，谈话没有继续下去，觐见结束了。但对国王的冒犯，并没有影响玻尔的情绪，也没有影响他日后在丹麦的发展。

玻尔上任以后，他发现教育大臣玩了一个把戏，教授席位虽然设立了，但原来的讲师职务却被撤销。就是说他还得为医学院学生讲初级物理学。玻尔和许多人都感到不合理，数理学院支持玻尔，立即要求增设讲师席位，并推荐汉森担任这一职务。

由此看出，教育大臣并没认识到玻尔的重要性，仍然把他当做一般的教学人员看待。幸亏汉森的支持，为玻尔分忧，承担了医学院的课程，直到两年后这一职位才得到设立。

玻尔开设一些高级班的专题课程，原子理论的最新进展等，也包括在学术讨论班上作一些系列报告，关于光谱、比热、放射性等等。这个讨论班由11名学生组成，有高年级的学生，还有物理系、化学系的一些教师。

玻尔受任理论物理教授讲席之后，有了第一个助手克拉默斯。克拉默斯1916年毕业于荷兰莱顿大学，毕业后想到国外继续学习物理，于是他写信给玻尔，希望来此深造，并且获得哲学博士学位。

玻尔决定给这位有抱负的学生一次机会。这一决定在日后被证明是非常英明的。克拉默斯果然成了玻尔最得力的助手,在科学研究上硕果累累。直到1926年克拉默斯才离开玻尔,回荷兰就任大学教授。

玻尔的工作条件仍然不够理想,他和克拉默斯挤在一个只有15平方米的房间里做实验,实验设施也很简陋,限制了工作的开展。玻尔迫切需要一个研究所,以便适应科研工作的需求。

这时的玻尔名气已经很大了,邀请书纷至沓来,都想把他挖走。1916年,美国加州大学邀请玻尔去工作;英国曼彻斯特大学校长聘请玻尔去任职。但都被他谢绝了。

1917年4月18日,玻尔给哥本哈根大学写了一封信,要求建立理论物理研究所,但未能如愿。当时,还有人提出疑问,为什么取名"理论物理研究所"。玻尔解释说:"格廷根就有这类的研究所,他们把新近的研究内容称为理论物理学,因此取了这个名字。其实这个名称有些名不副实,如果称它为原子物理研究所要更合适一些。"

1918年,玻尔的良师益友卢瑟福写来邀请信,他想"把曼彻斯特办成现代物理研究中心",并以高额年薪,邀请玻尔去英国工作。

但是玻尔还是婉言谢绝了:"我非常喜欢再次到曼彻斯特去。我知道这对我的科学研究会有极大帮助。但是我觉得不能接受您提到的这一职务,因为哥本哈根大学已经尽全力来支持我的工作。虽然它在财力、人员、能力和实验室管理上,都达不到英国的水平,但我立志尽力帮助丹麦发展自己的物理学研究工作……我的职责是在这里尽我的全部力量。"

德国也在1920年，以优惠的条件聘请玻尔去工作，但玻尔执著地要为自己的祖国工作。

玻尔的声望越来越大，不断接到世界各地的讲学邀请。

1920年，他来到德国，第一次会见了爱因斯坦、普朗克和另外一些科学家；在荷兰，他见到了洛伦兹和保罗·埃伦菲斯特，并与他们建立了友谊。爱因斯坦也非常喜爱玻尔的性格，访问柏林之后，他致信给玻尔："世界上很少有这样的人，仅是由于他的出现，就能像你一样使我如此快乐，现在我才明白为什么埃伦菲斯特这样喜爱你。眼下，我正在研究你的几篇重要论文，在此过程中，每当我在什么地方遇到困难，就会想起你那年轻的面容，你微笑着，正在讲解……心里就会感到高兴。"

玻尔为研究所的建立想尽各种办法，在申请的同时，也投入了大量精力，说服富有的老同学伯尔勒姆进行捐资、争取企业赞助等等。这种以著名科学家的名义担保筹措资金的办法，减轻了政府负担，也为他赢得了卡尔斯伯基金会的捐款。

在玻尔的不断努力下，1921年3月3日，哥本哈根理论物理研究所宣告成立，这是近代物理学史上具有重大影响的一件事。36岁的玻尔任所长，而且一任就是40年，先后培养了600多名物理学家。在人口不足500万的一个国家里，出现了与英、德齐名的国际物理中心，不能不说是一个奇迹。

成立大会上，玻尔发表了充满激情的演讲，还特别强调年轻人的重要作用，对他们充满希望："……极其重要的是，不仅要依靠科学家的才能，而且要不断吸收相当数量的年轻人，让他们熟悉科学研究的结果与方法。只有这样，才能在最大程度上不断提出新的问题；更重要的是，通过青年人的贡献，新的血液和新的思想就会不断进入科研工作。"

正如澳大利亚学者罗伯逊所指出的那样："年轻的物理学家所带来的新思想和朝气，在玻尔及其周围一批有经验的合作者的指导下，不久就转化为丰硕的成果。"

哥本哈根《政治家报》在当日头版头条的重要位置，作了大篇幅报道，所用的标题是："大学的原子研究所今天成立。"这家大报似乎更能了解玻尔的本意。

理论物理研究所规模不大，连所长玻尔在内共有四人，另外三人是：科学助理克拉默斯；机械工奥尔逊，他还负责金工车间的管理和大楼日常的保养维修；玻尔的秘书贝蒂·舒尔兹女士。

专职人员虽然很少，但所里不缺人才，玻尔凭着天才般的管理能力和非凡的人格魅力，将世界各地有才华的年轻学者请到哥本哈根来。比如，1920年4月，赫维西离开了动乱的匈牙利，来到哥本哈根，玻尔想了很多办法，把他留在研究所工作了6年。1923年，他与正在研究所工作的科斯特合作，发现了化学元素铪，并于1943年获诺贝尔化学奖。

1921年，玻尔将格廷根大学新任命的实验物理学教授弗兰克请来，为研究所安装研究电子与原子碰撞的设备，并请他向大家介绍这种碰撞技术。弗兰克这时已经对玻尔佩服得五体投地，他甚至说，与玻尔不能接触太久，否则你将觉得自己过分无能而陷于失望和沮丧之中。

研究所创建初期，工作千头万绪，玻尔陷于忙乱之中。既要讲课，又要负责研究所的行政事务，同时，随着来访学者日益增加，工作量越来越大，比如，为来访者筹措资助经费、解决膳宿，以及意料不到的各种各样问题。玻尔办事认真，力求完美，事无巨细，弄得他筋疲力尽，几乎没有时间进行心爱的研究工作，这对玻尔来说，实在难以忍受。

于是在1923年，玻尔写信给教育部，要求为研究所再设两个职位，一个是讲师，由克拉默斯担任；另一个是科学助理。数理系非常支持玻尔的申请，可是教育大臣不同意，驳回了玻尔的要求。

恰巧就在这一天，金斯寄来一封英国皇家学会的聘书和卢瑟福的亲笔信，希望玻尔到英国剑桥去工作，并许诺将会有最好的研究人员与玻尔合作，有最好的实验室供他使用，实验室人员的配备由玻尔自由确定，经费充足，年薪1400英镑。除此之外，还有更诱人的条件：玻尔可以不担任教学和行政职务，全心投入到科学研究中去。

玻尔情系祖国，一心为丹麦奉献自己的智慧和爱心，而且他曾经许诺，不但要办好研究所，还要达到世界一流水平。可是就目前的状况看，前景堪忧，再加上剑桥如此优厚的条件，面对这个机遇，玻尔有些犹豫了，留在丹麦真的能够实现自己的理想吗？也许教育大臣知道了英国正以极其优惠的条件想把玻尔挖走，他意识到自己的错误，如果玻尔走了，有可能造成丹麦不可弥补的损失。于是教育大臣突然改变主意，决定满足玻尔的所有要求。

玻尔也在反复考虑，权衡了各种因素后，于1923年8月22日回信给金斯，表示不能离开哥本哈根，但提出一个折中方案：保留研究所所长、放弃哥本哈根大学教授的前提下，到剑桥大学任职，玻尔还阐述了两地往来的许多好处。但剑桥不愿违背设立专职教授的章程，玻尔只能在哥本哈根和剑桥之间做出选择。

最后，玻尔做出了选择，放弃剑桥的机会，留在了哥本哈根。

在玻尔的领导下，研究所各方面的状况渐入佳境，声望越来越大。玻尔的人格魅力就像磁场一样，吸引了一批又一批才华横溢的年轻人，像赫维西、弗兰克、克拉默斯、克莱恩、泡利、狄拉克、海森伯、约尔当、达尔文、朗道、兰德、鲍林、盖莫夫等等，数不胜数。在各种形式的资助下，前来工作和讲学的学者络绎不绝，为研究所带来了无限的创造力和生命力。

许多年轻学者如克莱因、罗森菲尔德、泡利、弗里什等人，都把哥本哈根大学的理论物理研究所当做物理学的"麦加圣地"，他们说去玻尔那儿访问，就是"朝圣"，称自己是"朝圣者"。

这个研究所为世界培养出了大批杰出人才，在现代物理学发展史上占有举足轻重的位置，代表着量子物理学发展的方向，也是举世公认的世界量子物理研究的中心，它像一根纽带或者一个平台，以玻尔为中心，形成了一个科学家群体，携手合作，共创辉煌，被物理学界称为哥本哈根学派。

1965年，为了纪念玻尔去世3周年，理论物理研究所改名为"玻尔研究所"，仍隶属于哥本哈根大学。它在量子力学兴起时期曾经是世界最重要、最活跃的学术中心，至今在物理学界仍有很高的国际地位。

2. 对应理论催生量子力学的变革与发展

世界上任何新生事物的发展总不会一帆风顺，总会遇到许多困难。正是这些巨大的困难，才是事物发展的内在动力，而解决困难自然成了突破口。为此，玻尔又提出了一个新观点，就是那个著名的"对应原理"，以寻求经典理论与新的量子理论之间的对应关系，用来解释原子系统的一些问题。

换句话说，就是建立一个基本力学，用以描述微观尺度的量子变化过程，找到不同领域相似问题之间的对应关系。这也表明，玻尔的新理论并不会完全抛弃经典物理学。玻尔认为，如果从宏观体系过渡到微观体系，微观范畴和宏观范围现象，各自遵循各自的规律；如果从微观规律扩展到宏观规律时，所得的结果应该与宏观规律的结果一致。

"对应原理"还指出，经典理论与量子理论的极限是近似的。按照对应原理的路子，可以由旧理论推导出新理论。这一方法，在未来量子力学的建立发展过程中得到了充分验证。

玻尔的学生海森伯在对应原理指导下，寻求经典力学与量子力学的对应关系和对应量，由而建立了矩阵力学。对应理论在狄拉克、薛定谔发展量子力学和波动力学的过程中也起了指导作用。

可以说这又是一次量子力学的重大变革，很像一场革命风暴，而酝酿风暴的人就是玻尔的学生——24岁的海森伯。他和一大批年轻的物理学家，追随玻尔的定态跃迁理论和对应原理，在玻尔思想的引导下，把应用范围从氢原子扩展到其他原子都适用的复杂体系之中。

1924年，海森伯进入格廷根大学任讲师，成了玻恩的助教。由于玻尔十分珍爱海森伯的才华，为他争取到洛克菲勒基金会的资助，邀请海森伯到哥本哈根做访问学者。

在哥本哈根的工作经历，对海森伯来说非同寻常，为他日后的成就奠定了思想基础。海森伯称玻尔具有哲学气质，对许多物理问题的看法都带有深厚的哲学色彩，时常令海森伯感动甚至震撼，甚至可以说很大程度上影响了自己的思维方式，与玻尔的交流使他受益匪浅。

海森伯与玻尔一样，都认识到玻尔旧量子论的核心部分存在不足，很多地方需要完善，新的研究结果越来越难以和那个简单模型的计算相符合。他想解决这一难题。海森伯认为，物理理论只能够从那些可以直接被实验观察和检验的东西出发，必须坚持经验主义，而不能用想象的东西作为理论基础，这也是玻尔理论需要突破的瓶颈。

海森伯重新开始研究氢原子的谱线问题，但是困难重重。

1925年6月，海森伯害了花粉热病，在北海的黑尔戈蓝岛休养。他在岛上解决了一个重要的物理问题：如何处理有离散能态的量子化能量，以及原子系统所显示的稳定现象。

海森伯为了寻找新的突破点，决定先把谱线放到一边，受到爱因斯坦狭义相对论的启示，采用那些能观测到的量，比如辐射频率、强度之间的关系，从电子在原子中的运动规律入手，建立基本运动模型。当海森伯的这种数学表达方式形成之后，他也很奇怪，不知道这个方法能否行得通，有些疑惑。但事实上，他的路子找对了。

当海森伯把《论运动学和动力学关系的量子理论的重新解释》的论文完成后，立即交给了他的老师玻恩，请他看看有没有发表价值。

论文吸引了玻恩，他一眼就看出海森伯有了惊人的创举，在力学公式中定义了坐标q和动量p的量子跃迁振幅。玻恩意识到这是对玻尔理论的重大发展，立即把海森伯的文章推荐给德国的《物理杂志》发表。兴奋之余，海森伯文中的创新方法和运算符号总是在玻恩脑子里挥之不去。

直到有一天早晨醒来，玻恩才恍然大悟：海森伯的计算方法类似矩阵运算，但他好像没学过矩阵运算，因此尽管采用了这种方法，但没有论述清楚。于是玻恩决定把海森伯的论文修改一下。他找到泡利，但泡利持反对意见。又找到约尔当，请他帮忙，约尔当欣然接受，修改成一篇论文《关于量子力学Ⅰ》，由两人共同署名发表。

当时，海森伯正在玻尔那里做访问学者，得知此消息大受鼓舞，立即学习了关于矩阵计算的知识。

与此同时，泡利也在研究玻尔理论，试图解决那些难题，研究并不顺利，障碍不断，急脾气的泡利甚至想放弃物理学研究，他说："对我来说，什么都太难，我宁愿自己是一个电影喜剧演员，从来也没听说过物理是什么东西！"

玻恩很忙，10月底要去美国访问，临走之前，他把海森伯从哥本哈根召回来，因为他觉得矩阵方法在量子力学的应用上还应该完善，于是又写了一篇由玻恩、海森伯、约尔当三人共同署名的《关于量子力学Ⅱ》的论文。至此，海森伯首创的"矩阵力学"问世了。

但任何一个新生事物的成长都不会一帆风顺。海森伯量子力学的创建也是如此。

最大的支持来自哥本哈根，海森伯创建量子力学的指导思想和计算方法，都是他在哥本哈根半年来研究工作中形成的。除了玻尔的帮助外，泡利、克罗尼格以及克拉默斯等，对海森伯的思想观点和计算结果都进行过讨论。

1925年，泡利看到海森伯研究的进展，再次激起热情，加入研究阵营。针对"反常塞曼效应"，如何解释这种复杂现象，是个让人头痛的问题。有人提出引进二分之一量子数，为此，泡利提出了著名的"不相容原理"假学，后来证明，这一理论对原子构造的建立具有革命性的影响。

从海森伯首创量子力学的矩阵力学，再经过玻恩、约尔当、狄拉克、泡利、玻尔等许多物理学家的共同努力，一门描述原子现象和性质的新力学——量子力学诞生了。这期间，面对众多的批评，玻尔立场鲜明地站出来，大力支持海森伯的量子力学，为其排忧解难。正是来自哥本哈根学派的支持和帮助，才使海森伯的量子力学站稳了脚跟，不断克服存在的缺陷和不足，一步步完善起来。

在哥本哈根学派中，还有一个"编外成员"，这人就是狄拉克。狄拉克的贡献要从海森伯1925年7月应邀访问剑桥大学说起。访问期间海森伯发表了讲演，介绍了关于矩阵力学的第一篇论文。

当时狄拉克的导师否勒对海森伯的研究很感兴趣，向海森伯索要了资料，然后交给狄拉克，要他看过之后提出意见。从此，狄拉克把自己的注意力转移过来，开始研究海森伯的量子力学，并且一发不可收。

由1925年末开始，不满24岁的狄拉克，接二连三发表了《量子力学的基本方程》、《关于量子力学理论》等数篇论文，从量子力学和经典力学的联系和过渡的角度，对海森伯的量子力学作了诠释。他所做的这些工作，为捍卫经典力学理论的老一辈物理学家接受新的量子力学理论，找到了恰当的途径和角度。

到了1926年，经过哥本哈根学派的努力，电子自旋模型理论站稳了脚跟，新生的矩阵力学随着不断的修正和深入研究，日渐成熟，新体系再次超越了玻尔的老系统。

这是一个充满激情的年代，量子力学的发展过程中，不断创造着奇迹，人才辈出。科学研究从来没有停止过脚步。

1926年春，薛定谔创造了波动力学。这是对海森伯矩阵力学的一个挑战，而老一辈物理学家更偏爱薛定谔波动力学。论文发表后，物理学界感到困惑，两种形式悬殊的理论是否相通呢？薛定谔于当年6月，证明了这两种理论的结论是一致的，但这一证明比较特殊，理解起来很困难，人们的困惑仍然存在。

就在这时，狄拉克发挥他的数学特长，在海森伯和薛定谔工作的基础上，在1926年秋到1927年初又接连发表了两篇论文，后来被称为量子力学"表象变换理论"，使海森伯和薛定谔各自独立创建的量子力学纳入了和谐统一的理论体系之中。这个理论框架，在数学上体现了微分方程和矩阵之间的变换关系，在物理上表现了经典力学正则变换的思想观念，连波函数的几率解释也得到了进一步推广。

狄拉克的工作，对量子力学理论的完善起了重要作用。因此当海森伯的量子力学最终被物理学界确认以后，人们把狄拉克也看成是"哥本哈根学派"的一个主要成员，认为他对量子物理学发展的贡献可与玻尔、海森伯、玻恩、泡利放在同一高度。

1927年，海森伯又在访问哥本哈根期间，提出了"测不准原理"。这又是一个划时代的创举。从那以后，他渐渐成了"新量子力学"的代表人物。

3. 量子力学史上的"华山论剑"

量子力学的创建，是由一个科学家群体共同完成的，这个群体被称为哥本哈根学派。在建立新量子力学的过程中，玻尔作为哥本哈根学派的领袖，与身旁那些出类拔萃的青年物理学家们，携手奋战，相辅相成，缺一不可；同时，玻尔对年轻物理学家的影响是巨大的，也是深远的，所起的引导作用又是无人能替代的。

在量子理论创建、变革、完善的进程中，最不缺少的就是讨论、辩论和争论，无论是哥本哈根学派内部，还是它的反对者，都有不俗的表现。那些充满激情的讨论和交锋，无论胜负，也不论有无结果，每一个回合的论战都对量子力学的发展和完善，起到了重要的推动作用。

在量子力学论战的辉煌历史中，玻尔一次又一次地被卷入学术争论的漩涡中。围绕物理学界存在的严重分歧，展开了学术大论战。这些争论不仅体现了哥本哈根学派自由、开放的探究精神，也在争论中擦出创新的思想火花。

玻尔不但与那些青年学者展开热烈而自由的讨论，还与一些伟大的科学家进行学术争论和交锋，特别是与爱因斯坦的学术交流与论战，更加精彩，一直伴随着他们的科研生涯，备受后人推崇。这些论战无论胜负如何，都具有宝贵的学术价值，物理学家们给予其极高的评价。

1923年康普顿效应被发现以后，很多人认定这是光子存在的"判决性实验"。但玻尔仍然对光子持怀疑态度，不认同爱因斯坦的光子概念，不承认波粒二象性学说。

出于对光量子概念的消极态度而放弃能量动量的守恒，玻尔和他的助手克拉默斯，还有斯雷特提出了一个被称作BKS的理论，试图解决波和粒子的两难。在BKS理论看来，每一个稳定的原子附近，都存在着某些虚拟的振动与经典振动相对应。认为它们只不过是一种统计下的平均情况。这一观点，抛弃了物理学最基本的能量守恒和动量守恒定律，遭到爱因斯坦的强烈反对，泡利也坚决反对。

基于爱因斯坦波粒二象性的思想，1924年，德布罗意提出了物质波理论，指出电子也具有波动性。1925年以前，玻尔像许多物理学家一样，鉴于辐射的波动性有众多的实验根据，因而他倾向于波动性。

1925年4月，有实验确切证明，"微观粒子只在统计学意义上存在能量守恒"的说法是错误的，光量子是实实在在的东西，不是什么虚拟波。BKS理论彻底失败。它的崩溃引起了一片混乱，玻尔也承认实在是一种"折磨"，没有任何办法，"只能为BKS理论举行葬礼"。

1925年夏天海森伯提出了量子力学的"矩阵表述形式"的基本原理，受到哥本哈根学派的支持。

泡利针对"反常塞曼效应"，提出了著名的"不相容原理"理论，对原子构造的建立具有革命性的影响。

但薛定谔把波动性视为量子力学中唯一的决定因素，这是玻尔无法接受的，也是对哥本哈根学派的挑战。

1926年，为了进一步弄清楚量子力学中的一些问题，玻尔邀请薛定谔到哥本哈根讲波动力学。一个很富有戏剧性的场景，足以说明玻尔与薛定谔的争论有多么投入和激烈，几乎到了忘我的程度。玻尔到火车站迎接薛定谔，两人坐上电车后便开始热烈讨论。结果，他们坐过了站，只好坐车返回，结果又在讨论中坐过了站。就这样来来回回好几次。

薛定谔坚持微观物理中无所不在的连续性，抨击玻尔的量子跃迁的观念。量子跃迁是玻尔理论的基石之一，玻尔当然要批评薛定谔的观点，他们从早晨争论到晚上。

辩论是激烈的，但气氛是友好的。薛定谔住在玻尔家里。每天他们都从清晨讨论到深夜。几天下来，薛定谔因为紧张和劳累，身体忽冷忽热，病倒在床上。为了照顾客人，玻尔夫人给薛定谔送水送饭。玻尔则坐在床边，热切地对病人说，"你必须领会……"

就在这些激烈的论战过程中，玻尔深刻认识到波动和粒子的两重性，是物质的一种内在属性。玻尔终于承认了事实，即光的本性有粒子性的一面，也有波动性的一面。

玻尔在波粒二象性的事实基础上，提出了"互补原理"，试图回答关于物理学和哲学研究中遇到的一些问题。

玻尔的互补性观点，首先立足于波粒二象性的客观事实。光和粒子都有波粒二象性，而波动性与粒子性又不会在同一次测量中出现，这说明二者在解释微观粒子性质时是互相排斥的；另一方面，波粒二象性不能同时被测出，就表明不会在实验中产生矛盾，同时，二者在解释微观粒子性质时又是缺一不可的。因此二者又是互补的。

由此抽象出一个基本思想，任何事物都有许多不同的侧面，对于同一研究对象，承认了它的一些侧面就不得不放弃另一侧面，说明它们是"互斥"的；而另一侧面又不可完全放弃，因为在某种条件下，它们必须存在，从这种意义上说，二者又是"互补"的。玻尔提出"互补性原理"对量子理论进行解释，被称之为"哥本哈根诠释"。

1927年，海森伯又一次提出划时代的观点——"测不准原理"，他和玻尔经常进行通宵达旦的讨论，有时还相当激烈。这些细节，会在后面的章节里详细叙述。

这个阶段是量子力学日新月异的时代，在创新中发展完善，在争论和交锋中成长。分歧从来也没有消失过。由此产生了许多激烈的辩论，最精彩的莫过于的"爱因斯坦—玻尔论战"，又被称为"世纪辩论"。

1927年10月24日至29日，第五届索尔维会议在比利时布鲁塞尔召开，主题是"电子和光子"。这一次，持不同见解的物理学家们济济一堂，准备就量子力学理论的问题作一个大决战。

出席这次科学巅峰会议的科学家，包括洛伦兹、普朗克、爱因斯坦、玻尔、玻恩、德布罗意、薛定谔、索末菲、德拜、布拉格、康普顿、海森伯、泡利、狄拉克等等，他们明显分成了三派，其代表人物有：只关心实验结果的实验派——布拉格和康普顿；哥本哈根派——玻尔、玻恩和海森伯；还有哥本哈根派的对立派——德布罗意、薛定谔以及爱因斯坦。

针对爱因斯坦一直坚持连续性和因果原理，展开了激烈的争论。会议的气氛从一开始便非常火暴，参加会议的科学家都站在自己的阵营，互相炮轰，充满激情，所有科学家都跃跃欲试。会场一片混乱，争吵声一浪压过一浪。

第二天，论战形势仍然异常激烈，大家都试图让对方接受自己的观点，但没人能办得到。主持人不得不用力拍着桌子，维持会场秩序，但没有一点儿效果。

后来艾伦费斯特跑上讲台，在黑板上写下几个大字——"上帝真的使人们的语言混乱了！"台下的人先是一愣，接着都会心地笑起来。原来这是圣经上的一句话，这句话背后藏着一个经典故事。

人类祖先原本讲同一种语言。他们发现了一块非常肥沃的土地，于是就在那里定居下来，修起了城池。后来，又决定修建一座可以通到天上去的高塔，这就是巴比伦塔。他们用砖与河泥作为建筑材料，团结协作，工程进展顺利，塔身不断增高，直到塔顶冲入了云霄。上帝得知此事，立即下凡视察。上帝一看，感到有些惊慌，如果人类齐心协力，世上没什么事情可以难住他们。

同时，上帝也很生气，认为这是人类虚荣心的象征。于是上帝把人类分散到世界各地，并决定让世间的语言发生混乱，无法沟通和理解。后来人们就把巴比伦叫做"冒犯上帝的城市"。

艾伦费斯特的幽默很奏效，或者是圣经故事蕴涵的哲理提醒了大家，会议秩序开始好转，科学家们轮流上台发言，阐述自己的观点。

每天早上，爱因斯坦就会提出一个假想实验，试图驳倒哥本哈根学派的"测不准原理"，而到了晚上，玻尔就会做出答复，论证那个实验是和"测不准原理"完全一致。

争论是在会上和会下同样进行的。会场的激辩气氛，也会被他们带到咖啡馆里，店员惊讶地看着这群人，只见他们情绪高昂，大声争辩，不明白是怎么回事，也听不懂他们争论的是什么。这些参与争论的科学家们都抑制不住心头的激动和喜悦，因为他们看见，一个全新的物理学时代向他们走来，而每个人又都是这个时代的创造者。

会议结束时，哥本哈根学派稍占上风，但并没有消除学术上的分歧。也正是这些不同的观点，使各个学派都会反思自己的弱点，找到完善和解决的办法。

三年后，第六届索尔维会议召开了，论战必然延续。爱因斯坦先发制人，从"测不准原理"入手，向哥本哈根学派提出挑战。

爱因斯坦在黑板上画了一个盒子，盒上有一小孔，可以由快门来开启和关闭。快门则由盒中的时钟机械装置来控制，小盒的重量是可以测量的。盒中装有一些辐射物质。快门开关的速度和时间可以控制，使得刚好放出一个粒子之后就关闭。

透过时钟，可以精确地量出粒子放出的时间。另外，测量粒子放出后盒子的重量，就可以知道粒子的质量。经由爱因斯坦的质能公式，能量也可以准确地计算出来，于是违反了测不准关系。

这就是著名的"爱因斯坦光盒"实验。由于实验不涉及观测仪器的问题，根本没有外来粒子会改变粒子的运动，所以该证明是有效的，可以准确测定其能量，因果律和准确性都成立。

哥本哈根学派遇到了严峻挑战，一时也找不到恰当的实验来反击。玻尔和他的同事一夜未眠，检查实验的每一个细节，试图找出爱因斯坦到底错在哪里。经过通宵的奋战之后，玻尔终于找出了反驳爱因斯坦的办法。

第二天，玻尔在黑板上修改了爱因斯坦的草图，以此来反击他的论点。玻尔的思路是用动态的方法，称量小盒重量。用弹簧把小盒吊起，盒上有一指针，弹簧固定在支架上，支架上面有一个标尺，小盒上的指针可以沿着标尺移动，指示数据。其他装置与爱因斯坦的类似。

让粒子从小盒里跑出来，通过指针和标尺可以读出粒子跑出前后的重量。玻尔请大家回忆爱因斯坦广义相对论中的等效原理：当时钟在重力场中发生位移时，它的快慢会发生变化。同理，当粒子跑出盒子而导致盒子重量变化时，盒子将在重力场中移动一段距离，这样读出的时间也会有所改变，因而导出测不准关系。

玻尔利用了广义相对论的红位移公式：一个在重力场中移动的时钟，在移过一个位势差时，在某个时间内其快慢会有所改变，玻尔以爱因斯坦之矛攻其之盾，导出了测不准关系。

爱因斯坦不得不承认玻尔的推论有理有据。他自己在设计这个理想实验时，居然没有考虑到广义相对论的效应。玻尔取得了第二次论战的优势，从此，哥本哈根学派获得了大多数物理学家的赞同，其解释也被奉为是量子力学的正统解释。但是论战并没有结束，随着科学技术的发展，认识的深化，一直持续着。

在以后漫长的日子里，两位科学巨人都为科学奋斗了一生，直到最后，两人的科学理论和思想也没能调和。他们论战中的一句精彩对话，也成了后人广为引用的名言：爱因斯坦说："上帝是不掷骰子的。"而波尔的回答也同样精彩："不用你告诉上帝该做什么。"

玻尔高度评价与爱因斯坦的学术之争，认为它是自己"许多新思想产生的源泉"。而爱因斯坦也高度称赞玻尔："作为一位科学思想家，玻尔之所以有这么惊人的吸引力，在于他具有大胆和谨慎这两种品质的难得融合；很少有谁对隐秘的事物具有这一种直觉的理解力，同时又兼有这样强有力的批判能力。他不但具有关于细节的全部知识，而且还始终坚定地注视着基本原理。他无疑是我们时代科学领域中最伟大的发现者之一。"

正是两人在学术上的分歧，才使他们结下了不解之缘和珍贵的友谊。爱因斯坦与玻尔长期论战，以求真求实的原则和目的作为辩论的主要内容，他们只要见面，就会唇枪舌剑，你来我往。尽管辩论异常激烈，但只是学术之争，丝毫不夹杂个人恩怨，更没有影响他们之间深厚的友情，始终相互尊敬，相互钦佩。如此坦荡的胸怀、高风亮节的大师风范，令后人赞叹和敬仰。

玻尔和爱因斯坦的友谊长达35年之久，直到爱因斯坦去世。即使老朋友不在了，每当玻尔有了一个新想法，首先就问自己：如果爱因斯坦还在，他会发表什么意见。特别巧合的是，玻尔去世前一天，还在黑板上画了当年爱因斯坦光盒实验的草图，解释给采访的记者听。这幅图成了玻尔留下的最后手迹。两位科学巨匠虽然远离我们而去，但他们人性里的光辉，永远闪烁着耀眼的光芒。

1935年，这场论战达到了它的顶峰，一篇题为《能认为量子力学对物理实在的描述是完备的吗？》的论文问世，使论战者不断扩大阵营。这篇论文由爱因斯坦、波道尔斯基、罗森三人姓氏的首字母联合署名发表，日后被称为EPR佯谬。

关于EPR的内容，通俗地说，就是假设一个二体系统，由A和B两部分组成，他们证明，此二体的"动量之和"与"位置之差"是可以同时测准的。然而，量子力学却不能提供同时测准它们的方法。据此，爱因斯坦认为量子力学是不完备的。这篇论文一发表就引起了轰动，爱因斯坦很快收到了许多物理学家的信件，向他指出论证错在哪里，但有趣的是，大家的理由各不相同。

爱因斯坦最关心的回应当然来自于玻尔。在EPR论文发表的第二个月月底，玻尔即在《自然》杂志上发表了一封短信，对EPR表示异议，不久后又发表了一篇与EPR论文同题的正式文章，用微观系统的"整体性"或者"不可分离性"否定EPR的论证，他采用的思路借用了黑格尔的一段名言："全体的概念必定包含部分，但如果按照全体的概念所包含的部分来理解全体，将全体分裂为许多部分，则全体就会停止其为全体。"

EPR的三位作者一直坚持自己的观点，爱因斯坦直到晚年仍在写文章进行辩护，力图批驳玻尔。

爱因斯坦与玻尔这两位科学巨人，在他们的身后，是两大物理学理论——相对论和量子力学。他们的论战，波澜起伏，旷日持久，几乎所有理论物理学家，都被卷入其中，并且乐此不疲。在人类科学史上，曾经发生过许多次重大的学术论战，但只有这一次才最有资格被称为巅峰对决。虽然玻尔理论占了上风，但始终没能说服对方。

20世纪60年代，英国物理学家贝尔从数学上推导出了一个贝尔不等式，由此，人们才有可能设计实际的实验，来检验这些问题是否正确。随着越来越多的物理学家的深入研究，提出新观点挑战玻尔的理论，到了70年代末80年代初，已经完成了十几个实验，其中大多数结果与量子力学的预言一致。但是，如果引入非决定论的随机性，那么上述实验只能说明量子理论是超距关联、非定域的，而没有确定量子理论是决定论的还是非决定论的，因此并没有确定的结论。

至此，在不断完善量子力学的过程中，哥本哈根学派终于丧失了它的正统地位。爱因斯坦的观点仍然具有价值，近年来，物理学家开始利用EPR关联进行信息传递和量子计算等等方面的研究。科学在发展，人类对自然界的认识永无止境，我们期待着。

4. 哥本哈根精神

自然科学充满着迷人的色彩，吸引着人类去探索它的奥秘。那些为了这项事业做出巨大贡献的科学家，是人类的精英，也是伟大的探索者，他们创造了历史的辉煌，也取得了巨大成就。然而，更值得称赞的是这些探索者所表现出来的人格魅力和精神世界，成为人类的宝藏和文化遗产。

玻尔不仅为量子力学的创建和发展做出了卓越贡献，对原子物理学和原子核物理学的发展也功不可没。在玻尔的科学研究生涯中，为量子物理学培养、组织了一支创新发展的队伍，被人们称为"哥本哈根学派"。这个团队体现了科学家集体合作的精神。

难能可贵的是，玻尔与他的集体，以博大的胸怀，汲取世界各地不同的学术风格和学术观点的精华，使其在哥本哈根这个美丽的大花园里生根、发芽、开花结果。玻尔以领袖特有的人格魅力，使这个科学家群体中每个成员的个人力量发挥到了极致，形成了以集体讨论和自由探索为特征的研究风格，这种风格被赞誉为"哥本哈根精神"。

人们在这里充分地感受到玻尔的关怀，享受着自由民主的空气，并形成一种富有激情和活力，不断进取的学术精神。这种精神更像一种哲学理念，或者说是科研过程中营造的学术氛围，既有独特性，又相互合作；既平等自由，又不夹杂个人恩怨的一种风格。直到今天，仍然具有广泛和深远的现实意义。

在玻尔周围聚集着许多青年理论物理学家，这些人中间，涌现出许多世界著名科学家，永载史册。曾经有人问玻尔："你是怎么把那么多有才华的青年人团结在身边的？"他的回答别具一格："因为我不怕在年轻人面前承认自己知识的不足，不怕承认自己是傻瓜。"

可以想象，初出茅庐的年轻学者，可以与世界闻名的大师在一起，在完全不拘形式的情况下，自由地进行学术讨论，并且是探究物理学最为前沿、最为迫切的问题，这是一件多么让人欢欣鼓舞的事。

在建原子量子理论体系的过程中，从开始立足到不断发展，玻尔那种充满着创造性的批判性精神、敏锐而超常的直觉以及睿智的哲学思想，始终指引着研究的方向，经过大家共同努力，不断探索和深入，使量子理论得到了完善和发展。

在这个和谐的团体中，以群体合作的方式，在基本观点上求同存异。大家无拘无束地自由讨论，在交锋中获得启示和创新灵感，在切磋讨论中互相促进，在争论中不断完善，达成共识。形成的主要思想和观点，被称为正统的或经典的"哥本哈根诠释"，而这种解释又不断被这个群体进行深化和发展。

正是这种崇尚真理的开放性，领袖与群体之间的互补性，把个人才干发挥到极致，又体现出团队的和谐性，使哥本哈根精神保持了青春活力，也是它的动力源泉。

可以说，量子力学的每前进一步，或多或少都与哥本哈根学派的合作有关。创建一种理论很重要，但更重要的是它的价值，这些理论应用于解决原子辐射、化学键、晶体结构、金属性质等方面的问题。可以说，他们在改变着世界。

要认识哥本哈根精神，还要研究产生它的土壤，或者说这个学派的诞生依赖于哪些因素。从客观上看，良好的研究场所，充足的研究经费，科学的管理；从主观上看，抓住了主流的研究领域，活跃着一大批杰出的青年科学家，蕴含着独特文化之外，关键因素是拥有一个特殊魅力的科学巨人——玻尔。

他不但有创新的勇气，还有海纳百川的胸怀，谦逊互补的美德，更是一位伟大的伯乐，热心提携青年，玻尔的合作者、助手和学生，像海森伯、泡利、狄拉克等，先后获得了诺贝尔物理学奖。

玻尔的性格外向，非常合群，从不摆架子。"在生活中和思想上迫切需要和别人在一起"。玻尔身边总有人围着他，大家最熟悉的场景就是玻尔叼着烟斗，带有丹麦人很重的舌音，滔滔不绝地讲话，喜欢和别人辩论，身旁有一个年轻人奋笔疾书做着记录。玻尔这一点与爱因斯坦正相反，爱因斯坦在科学研究上更个性化，都是独自完成的。

玻尔研究所的气氛使人感到繁忙、激动、活泼快乐、无拘无束。玻尔与人合作的个性直接影响了哥本哈根学派以及哥本哈根精神的诞生。

玻尔还十分幽默，和他在一起总会感到轻松愉快，能够毫无拘束地畅所欲言。有一次，他到一个朋友家参加聚会，别人的酒杯里斟满了法国白兰地，玻尔的酒杯是空的，也不知道是主人忘了斟酒，还是被玻尔喝光了。

只见他一边畅谈自己的原子理论，一边拿起那只空酒杯喝酒，他这样接连喝了3次，一个朋友哈哈大笑起来，问他："玻尔，您喝的是什么呀？"玻尔愣了一下，再往酒杯里看看，"啊！"他大笑起来说，"我也奇怪，怎么一点酒味也尝不出来呢？"

在理论物理研究所，玻尔经常举办一些小型的非公开性年会。邀请几十位著名物理学家出席，以学术交流为平台，不仅可以互相学习、互相促进，还能建立友谊，增进了解。海森伯、泡利和斯特恩几乎每次都到会，当然还邀请许多各国的年轻物理学家，不仅给哥本哈根带来朝气蓬勃的生机，也使这些科学家了解哥本哈根，近而为促进互助与合作提供更多的机会。

凡是参加过年会的物理学家，一谈起此事，都非常难忘那些经历，并且更怀念由此建立起来的友谊。

生活在一个非常和谐而友爱、宽容而自由的学术氛围中，团结互助、共创辉煌，这也是玻尔研究所深层次的东西。所以，从这个角度看，哥本哈根精神也是一种文化，是人类科学史上，留给后人的宝贵精神财富。

中国科学院院士杨复家评价哥本哈根精神时说："玻尔创造了物理学领域重要的哲学思想，创造了学术界可贵的哥本哈根精神，是学术界的财富。它包含一个很大的内容，就是文化和思想重于权威。不管你是年轻人也好，诺贝尔获奖者也好，都是平等的，学术争论非常激烈，这就是哥本哈根精神非常精彩的地方，敢于向权威挑战，敢于提问题，敢于激烈地争论。"

5. 中国情结

玻尔一贯重视国际间的科学交流与合作，坚信科学能够引导人类走向更加完美的和睦关系。他始终认为科学合作是人类共同进步的先进形式之一。因此玻尔不仅开展科学研究上的国际合作，也非常高兴接受各国邀请，在世界各地进行学术活动。

玻尔到中国访问是在1937年。当时他正在日本讲学，消息传到我国，于是我国中央研究院、北平研究院、中央大学、清华大学、浙江大学等十几个单位联合向玻尔发出邀请，希望他在日本的学术活动结束之后，到中国进行讲学和游览。玻尔高兴地接受了邀请，并给我国著名物理学家吴有训教授写信说，他在结束了日本的讲学后立即赶往中国。

在玻尔到中国来之前，国内媒体立即报道了关于玻尔来访的消息，并向国人介绍了玻尔的生平事迹。

1937年5月20日，即抗日战争爆发的前一个月，玻尔和夫人玛格丽特，还有他们的二儿子汉斯·玻尔（后来成为医学博士骨科专家）到中国进行学术访问。玻尔一行乘轮船抵达上海，受到科学界、教育界著名人士的热烈欢迎，其中有中央研究院院长丁燮林、上海交通大学校长黎照环等。

5月21日，玻尔在上海交通大学作了题为《原子核》的学术报告。讲座是在交大工程馆的教室里举行的，教室不大，只有二百多个座位，为了聆听大师的演讲，加了许多座位，挤满了六百多人。第一次聆听世界物理学泰斗的学术报告，使大家十分兴奋，两个小时的英语讲座，仍然觉得很短，意犹未尽。

演讲过程中，玻尔的儿子放幻灯片助讲。后来，小玻尔在日记中还提到，他认为教室里那些大大的玻璃窗透过的光线很强，窗帘的遮光效果不太好，影响了幻灯片的清晰度。但是，尽管如此，一点也没有影响到玻尔的讲座，它引起了巨大的轰动效果。如今，这座教室已经成了上海交通大学的一间多媒体教室，岁月悠悠，遥想着70年前的情境，那些美好的瞬间都载入了历史的画册。

当时，很多人不能亲临现场，大家是通过电话公司、广播电台的转播才听到玻尔的演讲。在国内引起很大轰动。

会后，玻尔参观了上海交通大学的实验室。5月23日，玻尔一行从上海出发，在浙江大学理学院院长胡刚复陪同下，乘火车抵达杭州，在浙江大学理学院作了学术报告。

玻尔来浙江大学演讲的消息，事前就披露在《东南日报》上，该报记者还呼吁市民"凡装有收音机者，届时请勿失之交臂"。后来，浙江省广播电台向全省广播了演讲实况。

据聆听过玻尔讲座的许良英先生回忆，当年的情景仍然历历在目。那时他正在上高中，在校园里看到一则醒目的布告，登载了一则消息：世界物理学界泰斗玻尔将要来杭州讲学。他对物理非常感兴趣，因此感到异常兴奋，但是他的英文不好，基本没有听懂。听得最清楚的就是玻尔演讲的第一句话：杭州是个美丽的城市。

演讲结束后，和上海交大的情形一样，引起了巨大反响。许多人围住玻尔，向他请教各种各样的问题，特别是束星北、王淦昌二人兴致勃勃地与玻尔教授交谈，以至热烈得无法结束话题，伴随在玻尔左右，直到送他们上火车，开车之后又随火车走了40公里后，才恋恋不舍地从长安站下车返回。

王淦昌教授在近半个世纪之后回忆说："在那次访问中，我十分有幸，在我任教的浙江大学接待了玻尔教授，并和浙江大学物理系束星北教授一起，陪同他游览了杭州风景。在游览过程中，玻尔还兴致勃勃地向我们介绍了他的有关原子核的新思想……"

当玻尔回饭店整理行李时，接待了一位前来采访的记者，交谈中玻尔发现他并不懂物理。可是玻尔极有耐心，深入浅出地向不懂物理的人解释他的理论。大师和蔼可亲、谦虚友善的态度，让记者十分感动和敬佩。第二天，报上便登了一篇非常精彩的文章。

5月25日，玻尔一行乘火车赴南京。26日和27日在中央大学科学馆分别讲《原子核》和《原子物理中之因果律》。

在上海为玻尔举办的欢迎晚会上，玻尔碰到了一位合作者的亲戚，送了他们一盆百合花，玻尔夫人非常喜欢，特别珍惜这个礼物，执意把它带回丹麦。玻尔父子都认为很难办到，几乎可以打破吉尼斯世界纪录了。然而，在玻尔夫人的精心照料下，这盆百合花终于被带到了丹麦。

访问行程安排得很满，虽然有些累，但玻尔兴致不减，他已经深深地喜欢上了中国。特别是中国文化的内涵，让玻尔产生共鸣。玻尔提出的互补原理，由于是对量子力学的一种哲学表达，内涵很深，因此互补原理很难被人理解，但他发现到了中国，很容易被中国人理解。使玻尔深刻地感悟到东西方文化是相通的，而中国古老文化的底蕴又是如此深厚。

29日下午2时，玻尔一行乘火车抵达北京前门火车站。我国知名物理学家吴有训(清华大学理学院院长)、饶毓泰(北大理学院院长)等人到火车站热烈欢迎。在北京，玻尔停留了10天。玻尔在北大清华做了关于原子核、原子结构方面的3次报告。除报告之外，还参加了各方面的欢迎会，游览了长城、十三陵、颐和园、故宫和天坛等名胜风景区。

6月7日晚，玻尔一行乘平沈线火车出关，取道西伯利亚铁路，经苏联返回丹麦。

玻尔在中国一共做了7次演讲，演讲内容都是关于原子物理、核物理以及因果性关系等方面的。他的这些报告，各地都做了实况广播，在广大科学工作者和大学师生中引起了强烈反响。那时正值我们国家处于灾难深重的年代，但我国人民和科学家仍然以极大的敬意和热情接待了玻尔，并认真聆听了玻尔的学术报告。

从此，我国科学界与玻尔建立了友谊与合作。此后不久，在玻尔的关心下，吴有训教授设法送了一些留学生到哥本哈根直接受教于玻尔本人，这对发展我国的物理学学术水平起了很大作用。

玻尔的儿子汉斯·玻尔后来深情地回忆了与父母在一起的中国之行："在中国，我父亲受到老一辈的和年轻的物理学家们热烈的欢迎。他们对父亲在上海、杭州、南京和北京的几所大学所作的演讲是热心的。我们参观了许多奇妙的宫殿和庙宇。其中有杭州的宝塔，南京美丽的明孝陵，而北京是文化高度集中的典范。我们怀着十分愉快的心情，回忆在中国逗留期间，帮助我们获得丰富而难以忘怀的经历的那些杰出的和友好的人们。"

玻尔是中国人民永远不会忘记的好朋友。玻尔去世以后，他的儿子奥格·玻尔(1975年获诺贝尔物理学奖)为实现父亲的遗愿，曾经在1962年和1973年先后两次访问中国，并主动邀请中国学者继续到玻尔研究所进修和工作。

1962年，在玻尔的儿子奥格·玻尔促成下，丹麦玻尔研究所与中国签下了交流合作协议。当年26岁的复旦毕业生杨福家（中科院院士）成了第一批派往丹麦的两位中国学者之一。杨福家回忆当年的情境，仍然记忆犹新。特别是玻尔的家给他留下了强烈印象："走进他家，就像走进中国古老的家一样，在玻尔居住的卡尔斯府中，一直悬挂着1937年从北京购买的昭陵六郡图。可见玻尔对中国的情感。"

奥格·玻尔1973年访问中国时，也带回了齐白石的画，至今仍悬挂在大厅里。

玻尔的孙子托马斯·玻尔回忆爷爷时说："他喜欢讲故事,讲中国的故事,喜欢中国的老子,对老子哲学非常感兴趣,以矛盾的方法看待生活。"

中国的太极图在国际上的知名度很高,以至人们一提起,脑海里马上就会闪现出那个神秘的黑白两色阴阳鱼,它几乎成了我们这个历史悠久的东方古国传统文化的象征。正因为如此,太极图又被许多人誉为"天下第一图"。中国之行使玻尔对我国古代阴阳八卦说、老子思想等有了进一步了解,对"太极图"尤为喜爱。

太极图与玻尔产生了共振,他认为波和粒子可以像事物阴阳的特性一样,看作微观物质的两种不同形态,自然也就可以将阴阳二气之间所持有的互补性,引入到波和粒子之间的互补性上来,用太极图来诠释量子力学中著名的互补原理。

在玻尔看来,东西方文化的精髓,古代哲学与现代科学,和谐得让人惊叹。其实,玻尔本人也是其"互补原理"的生动例证,他是一个奇异的矛盾综合体。在他身上,同时集结了大胆与谨慎、行动迟缓与思维敏捷、做事"死心眼"与不拘一格的特征。互为矛盾的对立面,而这些对立面表面是互斥的,但却被他融为一曲和谐悦耳的人生乐章,使玻尔浑身充满了迷人的哲学色彩。

1947年,丹麦政府授予玻尔宝象勋章,为此,在设计族徽时,采纳了他的助手罗森塔尔夫人、中国史专家柯汉娜的建议,将中国古老的阴阳鱼太极图作为其波粒二象性、量子力学"互补原理"的形象图示,收进了宝象勋章,所不同的只是玻尔将太极图中原先的白色改成了红色。玻尔为宝象勋章设计的铭文是:"互斥就是互补"。这个图案成了玻尔家族的族徽。

　　玻尔还写了论文《相生相克原理》的论文，用八卦太极图作为哥本哈根学派的标志。不但以简单的形式说明宇宙万物对立统一的运动模式，也充分体现了微观粒子世界的和谐美。从中可见玻尔的哲学底蕴如此深厚。

第五章　大师的足迹

1. 救援受纳粹迫害的科学家

1933年1月30日，希特勒上台了。这是历史阴差阳错的选择，当时的德国，通货膨胀、失业、各种政治危机四伏，使德国人心浮动，德国人民对现状强烈不满，加上政治家们玩弄权术，德国各阶层都迫切要求建立秩序，谁要是承诺建立秩序，便会在一夜之间有几十万人跟随他。

就这样，希特勒匆匆登上总理宝座。希特勒抓住了德国国民的心理，允诺建立一个钢铁般的秩序，于是他上台不到两个月，立即决定和宣布了反犹太主义的法令，并废除德国犹太人的公民权，开始迫害和屠杀德国的犹太人，连世界最著名的科学家爱因斯坦也不能例外。1932年12月，爱因斯坦决心离开德国到美国去定居。3个月后，纳粹冲锋队抄了爱因斯坦的家，并在大街上当众焚烧爱因斯坦的著作。这群丧失理智的人狂叫道："让犹太人物理学家见鬼去吧！"

面对这种局势，玻尔以敏锐的政治远见意识到，应该马上想办法，帮助那些受迫害的科学家。玻尔积极行动起来，救援受迫害科学家。玻尔的政治敏锐性使许多物理学家大吃一惊。

1933年初，玻尔以访问德国为名，考察德国科学家的安全情况，暗地调查有多少人可能在希特勒的迫害下失去工作，然后设法把他们转移到安全地方去。他对那些科学家表示："只要需要，哥本哈根人将同你站在一起。"

当时很多人以为希特勒不会长久，德国人最讲理性，怎么会让这个疯子久留总理宝座，用不了多久就得下台。但玻尔不这么看，他坚持不懈地阐明救援工作已刻不容缓，在他的坚持下，他和哈拉德、马德森、乔根森等人组成了一个"丹麦支援外逃知识分子委员会"，负责接纳逃到丹麦的科学家。玻尔还给世界各国的朋友、同行写信，希望大家帮助那些逃出来的科学家们。

对核裂变发现做出重大贡献的犹太科学家弗里什，曾在一篇回忆文章中深情地写道："我是在汉堡初次见到玻尔的，那是1933年。当时，希特勒已经上台执政，玻尔到处奔波和同行们谈话，为的是估计德国会有多少物理学家因新种族法的生效而失去工作，以及如何尽力向他们提供救助。"

"玻尔对我来说，几乎是一位传奇人物。突然出现在我的面前，他笑容可掬，像慈父般地向我走来，这真是令人终生难忘。玻尔捏着我的一颗背心纽扣说：'希望你能和我们一起干上一段时间，我们欢迎能把理想实验付诸实施的人。'当天晚上，我写信告诉妈妈别再焦急，因为上帝本人刚刚捏过我背心的纽扣，并对我微笑呢。这确实是我当时的感受。"

还有犹太人科学家弗朗克、赫维西、普拉泽克等人，玻尔都向他们表示，只要他们愿意，就可以在哥本哈根工作下去，不必担心。

玻尔积极创立和参加了丹麦救援移民委员会，对从德国逃难到哥本哈根的科学家及其他难民，尽最大努力给予帮助。

1938年3月14日，希特勒在维也纳举行集会，庆贺他占领了奥地利首都维也纳，奥地利被宣布成为德意志第三帝国的一个省份。结果，年已60的女科学家迈特勒一夜之间不再是奥地利人，而且因为是犹太人又没有资格成为德国公民。她的工资立即停发，不仅生活失去了保障，而且随时有可能遭到逮捕和迫害，危在旦夕。

在一些科学家的帮助下，迈特勒于7月7日逃离纳粹统治。由于迈特勒没有任何准备，逃出来后，立即陷入困境。就在这时，玻尔伸出了援助之手，请她到哥本哈根去工作，不仅为她创造了很好的工作条件，也在生活上关怀和帮助，这使她那颗破碎的心得到了莫大的安慰。又过了一段时间，瑞典皇家科学院诺贝尔物理研究所所长塞格巴恩请她去斯德哥尔摩工作，她才依依不舍地离开了玻尔的研究所。本来她舍不得离开，但哥本哈根来了许多流亡科学家，迈特勒不忍心因为自己再为研究所增加负担，决定到瑞典去。

1938年，希特勒兼并了奥地利，1939年春，又制定了永远消除波兰的计划，代号为"白色方案"。9月1日凌晨，希特勒军队制造了虚假事件，冒充波兰士兵，佯攻德国边境城市格雷维茨，谎称德国受到"波兰军队入侵"，于是命令德军按照"白色方案"，向波兰发起了闪电式攻击。

德国法西斯灭亡了波兰之后，过了一年，又盯上了丹麦和挪威，这两个国家在地理上位于德国北翼，对于希特勒来说，它的战略位置非常重要。因此，又制定代号为"威塞尔演习"的作战计划，决定入侵丹麦和挪威。

1940年4月9日凌晨，德国以防止英法入侵，保卫丹麦、挪威的中立为名，发动了侵略战争。德国军调集了14万部队、1300多架飞机和234艘舰船，开始行动了。德军的装甲兵几乎没费什么力，就越过了日德兰半岛的防线，在丹麦首都哥本哈根和各战略要地投下伞兵，陆战队也在各个主要港口登陆。同时，他还发布另一道指令："占领时必须防止丹麦、挪威的国王逃往国外。"

当天，德国驻哥本哈根的使节向丹麦政府递送了最后通牒，要求丹麦政府立刻接受"德国的保护"。丹麦地势平坦，不利于防守，与德国相邻，德国的坦克长驱直入，几乎是畅行无阻。

丹麦陆军没有抵抗，海军全军覆没。至今哥本哈根街头还有一个船锚雕塑，正是为了纪念海军的那段悲壮历史。

德军的轰炸机在哥本哈根上空隆隆盘旋，情况危急。70岁的丹麦国王克利西尔，紧急召开内阁会议之后，宣布接受德国的最后通牒，命令卫队放下武器，向德军投降。上午8时，刚刚从睡梦中醒来的丹麦人，惊奇地发现，街上的警察已经换成了德国人，无线电广播也传来"丹麦已接受德国保护"的惊人消息，这是德国人用自己携带的电台在不断地播放通告。

从此，丹麦成了"模范保护国"，4年之内，丹麦一直没有什么反抗。德国人也宣称他们是应丹麦政府"邀请"而来的，政府没有改组，国王仍然执政。为了保持这种虚伪的面具，德国纳粹在入侵的早期，对丹麦人还不像对波兰人那样野蛮。丹麦新闻界也有相当的自由，就连丹麦的7000多犹太人，也没有受到迫害。

玻尔和他的研究所仍然正常工作，德国的学者如海森伯等人，仍可以来到哥本哈根访问和讲学，德国人想以此证明德国文化的先进和伟大，还想通过治理丹麦，证明德统治下的"民主"。

但是随着时间的推移，德国人撕破了虚伪的面具，对丹麦开始实行暴力统治。于是，丹麦人民开始觉醒，抵抗运动开始了。玻尔是一位民族自尊心很强的人，丹麦沦为"保护国"后，面对德军不可一世的张狂以及对丹麦的暴力统治，他的内心很痛苦，但玻尔没有沉浸在悲痛和失望之中，马上行动起来。

首先想到保护好从德国和其他被占领国家逃来的科学家，销毁他们的材料，不能让这些东西落入纳粹手里；他还拜访了哥本哈根大学校长和其他一些丹麦的权威人士，与他们达成共识，想办法保护研究所人员中那些可能会受到纳粹迫害的人。玻尔经常强调说：丹麦人绝不能也不应该屈服于纳粹的种族狂热和暴行。

自丹麦沦陷后，全世界的科学家和朋友们，为玻尔的安全捏着一把汗，因为玻尔母亲的缘故，他有二分之一的犹太血统，德国人反复无常，玻尔随时可能大祸临头。另外，还有更重要的一点，因为玻尔在核物理研究方面的学术成就，使他成了重量级的人物，对原子武器的研制具有极其重要的价值。普林斯顿高级研究所，还有许多知名大学都拍来电报邀请玻尔及他的家人，立即前往美国。美国驻丹麦大使也专程与玻尔见面，敦促他赶快做出抉择，以防万一。

但玻尔婉言谢绝了大家的好意。他必须留下来，因为研究所和研究所的人员需要他保护，丹麦人民也需要他留下来，坚守自己的故土，这是对自己祖国未来充满希望的表现。玻尔对大家说："只要还有一线希望，我就要留在丹麦。"

玻尔想尽办法，让研究所正常运作下去。虽然昔日的辉煌已经不在，但玻尔现在更加看重研究所的作用，认为它是保存丹麦文化的地方，肩负着战后艰巨的文化复兴任务。

2. 被迫离开祖国

1941年，也就是德军占领丹麦后的第一年，玻尔为《丹麦的文化——1940年》这部六卷巨著撰写序言，为了避免纳粹的迫害，有人建议把丹麦文化地位多少贬低一些。但玻尔却正气凛然地在序言中写道：

"如果我们扪心自问，从任何意义上说，我们这种特殊的丹麦文化，完全取决于根据什么观点。一方面，我们探索赖以生存的基础愈深，人类共同的特征变得愈明显；另一方面，愈是要保存我们独特的形象，将愈会强烈地感觉到与其他社会的差别，正如使人类生活如何能在不同环境中发展的任何一种知识，必定是评价社会文化状况的依据一样。"

玻尔的观点十分鲜明，正面歌颂丹麦的文化价值，与纳粹的观点唱反调。按纳粹的观点，雅利安文化才是世界上最优秀的，其他所有文化只能被消灭，没有任何价值。

玻尔还写道："为了适应不同历史时期的要求，我们需要学习的东西很多，这个提醒决不会失去其重要意义。一度曾经过于强调我们过去的光荣，而忘掉了在国家之间我们处于低下的地位。在斯堪的纳维亚国家中，一种世界主义的感情，一种世界公民的感情正在兴起，这种感情表达比许多大国更为和谐，在这些大国中，把自己的文化作为独立有机统一体来考虑的欲望十分强烈。"

这无疑是对纳粹思想的批判。玻尔还引用了丹麦著名童话作家安徒生的诗："丹麦，我出生的地方，我的家乡，我的根，我心中世界开始的地方！"

在序言结尾处，玻尔仍然对丹麦的未来充满希望，"无论什么样的命运等待着我们，无论现在的世界危机对人类生活各方面产生的后果有多么深远，我们有权利希望，我们的国家将光荣地能为人类事业服务，倘若我们还有自由去发展这种深深扎根于我们之中的态度的话。"这些充满激情的文字，处处洋溢着玻尔对祖国的热爱和忠诚，也体现出一位科学巨人的傲骨和风范。

1942年11月3日，丹麦科学院成立200周年。德国占领者不准举行国际庆祝活动，哥本哈根只举行了规模不大的庆祝会。庆祝会上宣读了几篇论文。最后，科学院院长玻尔讲话，玻尔在讲话中回忆了丹麦科学院200年来取得的成就，赞扬了奥斯特等人的科学活动，又分析了科学活动对现代社会的巨大价值，以及科学研究上国际合作的迫切性和重要性。

希特勒残酷的统治，激起了丹麦人民不屈的反抗，"抵抗运动"悄然兴起。到1942年底，丹麦的抵抗运动全面展开，抵抗组织与英国建立了联系。当德军开始溃败的消息传到丹麦时，丹麦人民信心倍增，破坏活动的规模越来越大。抵抗运动的领导机构叫做"自由议会"，其中有的领导者是玻尔过去的同学，因此，他们联系密切。

现在哥本哈根海岸旁"小人鱼"雕像不远的地方有一座"抵抗运动博物馆"，展示了当时丹麦人民反抗侵略者的情况。市区北郊还有一座烈士陵园，那是德国纳粹残杀抵抗志士的地方，有许多丹麦人在那遇难，其中以高中学生为多。陵园中还有一座纪念雕像，是一位丹麦母亲，抱着被杀害的儿子。

丹麦人民全面罢工，不为纳粹提供任何农业和工业产品。这更激怒了占领军的司令官。

1943年8月28日，德国占领军司令官向丹麦政府递交了最后通牒，要求判处破坏者和怠工者以极刑。丹麦政府不愿接受这一通牒，集体辞职。8月29日，德国纳粹凶相毕露，宣布对丹麦实行战时法令。这天凌晨，德军开始行动，向丹麦军队进攻。徒有其名的丹麦国不复存在。

丹麦彻底沦陷，哥本哈根研究所的外国学生和访问学者都先后离开，就此精英四散，心直口快的泡利避祸远走奥地利，海森伯也回去报效国家了，犹太籍的物理学家有的逃往英美，有的在集中营。剩下的只有丹麦本国的学生。纳粹的占领，直接导致了世界物理研究中心的格局发生了变化，正向美国偏移。

玻尔一贯的不合作态度，让德国纳粹十分恼火，他们决定收拾玻尔。8月29日，纳粹分子计划把玻尔抓起来，但有人提出反对意见，认为过早逮捕玻尔会影响他们围捕丹麦犹太人的计划，因而决定暂缓实施。

英国情报机关得到报告，知道玻尔面临危险，立即采取紧急行动。他们想把玻尔营救出来，加入英国原子弹研制工作。此时的玻尔还不想走。

9月底，由德国驻丹麦大使馆的杜布尼茨先生传出消息，他是反纳粹地下组织成员。德军决定将丹麦所有犹太人及"反对分子"全都拘捕起来押送德国，运送囚犯的船只已经来到哥本哈根港口，情况非常紧急。

玻尔得到消息后，意识到已经到了离开祖国的时刻。想想当年和海森伯他们一起共创量子力学那段美好时光，恍如隔世，心生感慨。这是一群智慧的精英，每个人都可以毫不费力地精确预测电子运行的轨道，却没有一个人能够计算出未来的前途。

玻尔内心非常难过，但他坚信日后一定能够重返祖国。为了表明他的决心，临行前，决定把心爱的诺贝尔奖章留下。为了不落入德军手中，他把奖章溶解在王水里，并将瓶子封存好，放在实验台上。战后，玻尔回来时，瓶子完好无损，纳粹冲锋队搜查实验室时，也没有发现其中的奥秘。

情况危急，此时的玻尔身处险境，刻不容缓，丹麦抵抗运动组织立即采取了行动，在夜色的掩护下，用渔船把玻尔及其全家送到公海靠近瑞典的爱尔辛诺一带，再由瑞典派船接到该国。9月30日清晨，玻尔在瑞典登陆。

一上岸，玻尔首先想到的是，立即拜访瑞典国王，请瑞典政府救援留在丹麦而无法外逃的犹太人。

玻尔在瑞典停留几天以后，就收到英国首相丘吉尔的私人科学顾问彻威耳勋爵的一封信，邀请玻尔去英国避难。玻尔接受了邀请，但要求带上儿子奥格。那时他已21岁，是一位相当不错的物理学家了，也是玻尔的助手。

1943年10月6日，玻尔先去英国。接他的是一架英国蚊式轰炸机，由于这种轰炸机的结构限制，只能在弹仓载人。

于是机组人员给玻尔穿上飞行衣、背好降落伞、戴上飞行帽，指导他进入了弹仓。驾驶员还嘱咐玻尔，飞机飞到高海拔地区时，他会通过飞行帽里的耳机通知玻尔打开氧气开关。另外，万一飞机被击毁，弹仓门会自动打开，玻尔可以利用降落伞跳到海上，同时将配给他的照明灯打开，就有可能被救援人员打捞上来。战时的情况危急，一切都有可能发生。

计划如此周密，但一件没预料到的事差一点儿要了玻尔的命。原来他们没想到玻尔充满智慧的脑袋太大了，以致飞行帽显得太小，耳机根本不在耳朵旁边，因此玻尔没听见驾驶员让他打开氧气开关的指令，结果导致缺氧，玻尔在高空很快昏迷过去。后来玻尔在回忆录里还说，他像婴儿一样睡去。驾驶员见弹仓内没有回应的声音，十分担心。

幸好飞机飞过被德国人占领的挪威领空后，就降低了飞行高度，玻尔才解除了危险。当飞机在苏格兰着陆时，玻尔已经苏醒过来。后来奥本海默知道这事后，还诙谐地调侃："皇家空军不习惯于玻尔那样的大脑袋。"

玻尔到英国的事，尽管做得十分保密，但《纽约时报》10月9日还是获得消息，刊登了玻尔到达伦敦的事件："伦敦，10月8日美联社消息，流亡科学家——因原子研究而获诺贝尔奖的玻尔博士，今天从瑞典来到伦敦，据说他带有一个有关原子爆炸新发明的计划。这一计划可能对盟军的战事有极其重要的影响。"这是在战争期间《纽约时报》最后一次刊登有关玻尔的消息。

此后，玻尔的行踪就处于高度保密状态之中。玻尔到达英国的当天傍晚，英国负责原子能事务的大臣安德森爵士就会见了他。谈话内容震惊了玻尔，现在原子弹或原子能的研究正在迅速进行，原子武器的诞生，已经不再是学院式的想象了，美国和英国的同行们正在不惜任何代价，抓紧研制，一定要跑在希特勒之前造出原子弹。

玻尔本是核物理学基础的奠基人，并在核裂变被发现之后，又肯定了是天然铀中产生慢中子裂变的成分。但此刻的玻尔，惊异地发现自己落后了，原来他认为原子弹是永远制造不出来的。

3. 桃李满天下

玻尔积极提倡国际合作，被人们誉为"科学国际化之父"。他不但在学术上是一个伟大的开拓者，还是科学力量的组织者和领导者。在他的研究所里，人才辈出，德国物理学家海森伯，1932年诺贝尔物理奖获得者；奥地利物理学家泡利，1945年诺贝尔物理奖获得者；苏联物理学家朗道，1962年诺贝尔物理奖获得者等等。

在培养学生这件事上，玻尔和恩师卢瑟福一样辉煌，不仅桃李满天下，而且屡次获得诺贝尔奖的桂冠。玻尔和学生之间的故事也充满了迷人的色彩，广为世人传颂。

玻尔夜以继日地工作，但又幽默好客，不摆架子。和年轻人在一起，爱护和关怀他们，并且还善于发现和培养人才，强调集体的研究方式而不是孤军奋战。例如，玻尔的对应原理导致了海森伯矩阵力学的形成；在相互的启发争论下海森伯提出不确定原理；以及后来玻尔提出的互补原理等等，都是在互相讨论和切磋的氛围中产生灵感、形成思想、不断完善的。

都说千里马常有，而伯乐不常有。玻尔不仅是伯乐，还是一个好伯乐。他爱才如命，总是想尽办法提携年轻人，到处物色有潜能有希望的年轻学者来哥本哈根工作。

1922年6月，玻尔应邀赴德国格廷根大学讲学，德国一些著名的学者都来听讲，盛况空前。听众中有格廷根的科学家，还有从慕尼黑来的索末菲和他的研究生海森伯及助手泡利，也有从法兰克福来的朗德和革拉赫、荷兰来的埃伦菲斯特。由于玻尔的演讲大受欢迎，所以人们高兴地把玻尔的演讲说成是"玻尔的节目表演"，后来简称为"玻尔节"。

玻尔每次演讲的末尾，总有一段时间供大家提问和讨论。有一次，海森伯对玻尔的一些看法提出了异议，当时的他，初出茅庐，在大学里只读了四个学期，但玻尔一眼看出，这些异议是经过仔细研究后提出来的。于是，玻尔在当天下午就邀请海森伯出去散步，进行讨论。海森伯后来回忆说："我真正的科学生涯是从这次散步开始的。"

玻尔也认为，来格廷根最大的收获，是有幸遇到了两位有才华的青年人——海森伯和泡利。这是他们第一次见面，从此三人结下了缘分，成为哥本哈根学派的代表人物。

海森伯生于1901年，和玻尔相差16岁，但他们之间的关系既是师生，也是朋友。玻尔对他的成长有很大的影响。他们讨论的话题极其广泛，不仅讨论物理学问题，也经常涉及一些哲学话题。

玻尔说过：一个真理和一个很深的真理是不一样的，一个真理是对的，真理的反面是错的；一个很深的真理是对的，很深真理的反面也是对的。这一类想法对海森伯影响很大，这包含了测不准原理的部分含义，海森伯说玻尔具有哲学气质，直接影响到他的科学研究。海森伯在玻尔那里做访问学者时，提出了测不准原理，这一科研成就也可以说是和玻尔辩论的最后成果。

玻尔和泡利第一次合作，是因为出版德文版论文集的事。经人推荐，玻尔亲自上门请泡利帮助。

泡利的能力几近天才，凡是了解他的人都这么认为。泡利上高中时，就利用课余时间学了当时很少有人知道的相对论，又学完了《数学分析教程》，并在《哲学学报》上发表了一篇关于引力场的论文。

1919年，泡利只有19岁，他父亲（著名的化学教授）把他介绍给慕尼黑大学著名的物理学家索末菲。这个学生与众不同，刚一来就要求不读大学课程而直接当索末菲的研究生。如果换成别的老师，泡利恐怕要挨批评，至少要戴上一顶狂妄自大的帽子。

索末菲见怪不怪，他手下的天才学生很多，也许泡利就是一个，于是同意他去听研究生的课程，不过也担心他能否听得懂。谁知泡利不但说"肯定听得懂"，还得寸进尺地要求参加由高年级研究生组成的讨论班。索末菲从未见过这么不知天高地厚的学生，不免有些惊异。但他很快发现，泡利的才能超过了讨论班里所有的学生。1921年泡利毕业于慕尼黑大学。

1920年，德国准备出版《数学百科全书》，格廷根大学的克莱因教授任该书特约编辑，他请索末菲为该书写一条介绍相对论的条款。那时广义相对论刚提出不久，了解它的人并不多，懂的人更少。要知道该书的撰写人都是一流的科学家，索末菲接受这一任务后，竟出人意料地把这一写作任务交给刚满20岁的泡利。

我们不得不佩服索末菲的眼光和胆识。当然索末菲之所以敢承担这个风险，是因为他了解泡利，通过前一段接触，看到了泡利的实力，相信他一定能胜任这个工作。事实上，泡利很快就写出了长达250页的综述性文章，顺利完成任务。文稿内容水平之高，使人们不敢相信出自一个学生之手，甚至受到爱因斯坦本人的高度评价：

"任何一个人看到这样成熟和宏伟构思的著作，都几乎无法相信它的作者竟只有21岁。对概念发展所作的正确理解，数学推演的精湛可靠，深刻的物理洞察力，流畅的表达，文献资料的广博，恰到好处的评价等等，人们只能给予最好的称赞。"相对论创立者本人能给出这么高的评价，恐怕只能让世人惊叹了。

从此泡利一举成名。但也正因如此，泡利又有点儿傲气。在一次国际会议上泡利见到了爱因斯坦，爱因斯坦演讲完后，泡利站起来说："我觉得爱因斯坦不完全是愚蠢的。"泡利对他的学生也很不客气，有一次学生写了一篇论文，请泡利给看看。过了两天，这个学生找到泡利，想知道老师的意见，泡利把论文还给他说："连错误都够不上。"泡利虽然如此，但他的可贵之处也在于此。

玻尔求贤若渴，知道泡利是位不可多得的人才。在请泡利帮忙的同时，也顺便请他到哥本哈根做访问学者。泡利幽默地说："到哥本哈根去工作在科学研究上估计不会有问题，但要学会说丹麦话恐怕得费点儿劲。"玻尔听了哈哈大笑起来。

在玻尔诚恳的邀请下，也就是玻尔访问格廷根后不久，泡利就来到哥本哈根工作。不管大事小事，玻尔总要找泡利聊一聊，让他评论研究所的各项工作。泡利的批评不仅言辞犀利，一针见血，而且闪耀着智慧的光芒，发人深省，大家称泡利是"上帝的鞭子"。

有一次，玻尔在讨论会上发言，泡利突然大声说："住口，别犯傻了！"玻尔很温和地说："但是泡利，你听我说……"泡利立即顶回去："不，我一个字也不要听。"

虽然研究所里很多人都怕泡利，但是，时间久了，大家都开始珍视泡利的批评。甚至，当泡利离开哥本哈根之后，他的来信都被看做是一件大事，在所里互相传阅。

玻尔曾经这样表达过大家的心情："确实，每个人有新发现新想法时，都渴望听到泡利强烈而幽默的反应，以及他对新生事物是赞成还是反对。即使暂时可能不愉快，但从泡利的评论中获益匪浅；如果他感到必须改变自己的观点，他就极其庄重地当众承认，因此，当新的观点受到他的赞赏时，那是一种巨大的安慰。同时，当关于他的性格的那些轶事变成一种美谈时，他就越来越变成理论物理学界的一种良知了。"

泡利来哥本哈根工作后，遇到的第一个研究课题(反常塞曼效应)却让他大伤脑筋，但是他也由此找到了突破口。于1925年，提出了泡利不相容原理，这是量子理论一个新的基本原理，在《原子内的电子群与光谱的复杂结构》的论文中，第一次正式提出，也就是后来使他在1945年获诺贝尔奖的"泡利不相容原理"。

具有相同量子数的两个电子不可能存在于一个原子之中。每一条轨道都可用几个确定的量子数来表征(在原子情况下有四个量子数)，而每一条轨道要么空着，要么仅容纳一个电子。泡利发现的这一基本原则，其应用范围已大大超出了原子，它为解释顺磁性，金属中电子的行为，以及许多低温现象提供了一把钥匙。后来，它还被应用于核物理学。

玻尔不仅唤起了一批年轻科学家的热情，也使一些年龄较大的物理学家开始重视玻尔的理论，并取得了决定性的研究成果，其中最突出的是玻恩和弗兰克。他们两人都比玻尔大3岁，又都是格廷根大学的教授。弗兰克就是前面讲的弗兰克—赫兹实验的那位，他对玻尔崇拜得五体投地。

玻尔按照自己创建的理论计算了稀土元素在周期表中的数目和位置。从理论上做出预言，72号元素不应是稀土元素，是类似于锆的一种金属。接下来，证明这一预言的工作戏剧性地开始了。

结果，真的在锆矿中找到了72号元素，该元素具有锆的同族元素的性质，但不具备稀土的特性。这一工作是由X射线光谱学家科斯特和玻尔的老朋友赫维西在玻尔研究所完成的。之后，斯托纳在英格兰对玻尔的研究做了改进。

另外，还有一个人，就是朗道。玻恩在他的一本书中回忆道：玻尔嫡传弟子虽然为数不少，但继承他那种惊人直觉本领的却只有朗道一人。朗道在外人面前一般不提自己的授业导师，却每每自称是玻尔的弟子，虽然他仅在玻尔研究所工作了四个月。因为他找到了终生景仰的人，玻尔那种能够从纷繁的现象中抽象出物理本质的直觉，令朗道大为折服。

朗道在20世纪40年代，研究液氦超流时，面对一个个难题，他也像玻尔当年面对复杂的原子结构问题一样，单凭直觉就找到一条其他人想也不敢想的路子，并没有多么严密的逻辑推理就确定了方法，但实践证明，这条路却是唯一正确的。这种意识的源反应，是一种综合能力，更恰当准确，高效迅捷。

这里再记叙一则玻尔和费曼（美国物理学家，1965年诺贝尔物理奖获得者）的故事。

第二次世界大战期间，费曼在美国洛斯阿拉莫斯实验室工作，职位还很低。他所工作的这个实验室却大名鼎鼎，设计并制造了原子弹，所以来过不少重要的物理学家。一天，得知玻尔即将到来，大家十分兴奋。如果没有玻尔对原子核辐射方面的基础理论研究，就不可能进入到原子武器的研究。包括实验室最大的领导在内，人人都把玻尔看成神，每个人都想一睹玻尔的风采。

与玻尔的见面会开始了，这是玻尔第一次和大家见面，会上，大家讨论了一些关于研制原子武器的问题。会议室里人非常多，费曼坐在一个角落里，只能从前面的缝隙间看到玻尔。

讨论算不上热烈，因为玻尔一开口，就有很多人附和，或者赞成玻尔的说法，态度极其谦恭。玻尔很失望，这不是他喜欢的风格，这样的会议算不上讨论会，更无法擦出思想的火花。

实际上，玻尔对这个研究所的工作情况和进展很感兴奋，不断发表着个人意见。突然，从角落里传来一个声音，他大声指出玻尔的想法是否疯了。玻尔放眼望过去，是个毛头小伙子。直言是最可贵的，玻尔一阵惊喜，他是这里唯一不怕自己的人，也是一个敢于讲真话的人，玻尔连忙告诉自己的小儿子，记住那个坐在后面的小伙子。

第二天早晨，赶在会议之前，小玻尔打电话给费曼，问他能不能抽出时间，父亲想与他好好谈谈。

费曼与玻尔父子在办公室里讨论了约两个小时，对于各种想法反复推敲着、争论着。玻尔不断地点燃烟斗，因为它老是灭掉。

小玻尔送费曼从办公室里出来时，费曼不解地问道，为什么单独邀请他，而没有其他人。小玻尔对他解释了原因，费曼这才明白。

在玻尔手下工作和学习过的学者遍布世界各地，其中我国著名物理学家也不少，如周培源、张宗燧、胡宁、杨福家、冼鼎昌、卓益忠、曾谨严等。

在玻尔的弟子中，故事最多的，应该是海森伯。他们之间的感情超越了师生关系，情同父子，这让后人总是特别关注他们之间发生的事情。

4. 与海森伯的恩怨情结

有一部很有名的话剧《哥本哈根》，就是描写玻尔与学生海森伯之间的故事：玻尔一直反对纳粹，在1938年一个物理学会上就发言攻击希特勒，当时出席会议的德国科学家愤然离席表示抗议。

二战爆发后，海森伯为希特勒研究原子弹，并且在德国侵略丹麦后跑去见玻尔，劝玻尔不要和希特勒作对，但遭到拒绝。战后，海森伯成了众矢之的，不得不编出各种借口来解释自己战时的立场。玻尔痛心疾首，去世之前也没能见他一面，说清楚他们之间的恩怨情结。

《哥本哈根》这出剧就是假设两个人在天堂重会，彼此之间一定有许多话要说。这段故事让人震撼，既悲伤又无奈。海森伯战后的名声很臭，可怜兮兮地为自己辩护，再也没有机会从事科研工作。在剧中他有段台词，寓意很深：我这辈子没害过一个人，我也没造出原子弹，而那些造出了原子弹的人，直接或间接导致了广岛、长崎市民化成灰烬，却鄙视我不肯与我握手。

作者在海森伯身上集中了太多的传奇与矛盾——事业、科学、友谊、民族、国家、战争、良知等等，如此多的要素纠结在一起，构成了那个复杂而矛盾的科学家。而玻尔，这位慈祥的父亲、伟大的导师、学派的领袖，看着曾经情同父子的学生，他们之间横亘着那么多障碍，掺杂了那么多复杂的因素，他怎能不痛心呢？然而他什么也做不了，唯一能做的就是与他的学生、他的孩子决裂，结束他们举世闻名的伟大友谊。

当然这只是戏剧，虽然多次得奖，但毕竟出自文学家之手。至于历史的真实到底怎样，一直存在着种种猜想。对于海森伯的辩解，没人愿意相信，而玻尔却三缄其口。尽管如此，人们还是愿意追溯玻尔与海森伯在一起的那些日子。

我们还是从玻尔在格廷根大学的讲学说起。与会者都承认玻尔已经揭开了原子世界的神秘面纱，但玻尔的用词小心慎重，点到为止，常常使听众感到那些图像隐藏在云雾之中，似是而非，有点儿神秘。然而，正是这种模糊的神秘感大吊青年学者的胃口，具有强大的诱惑力。

后来海森伯有一段回忆，把当时的感受活灵活现地记了下来。他写道："1922年初夏，格廷根这座布满别墅和花园的小城，位于海茵山脚下，到处长满了葱绿的灌木、争奇斗艳的玫瑰花和舒适的居所。这座美丽的小城似乎赞同后人给这些奇妙的日子所取的名称——玻尔节。"

"我永远忘不了玻尔的第一次演讲。大厅里挤满了人，那位伟大的丹麦物理学家站在讲台上，他的体魄表明他是一位典型的斯堪的纳维亚人。他轻轻地向大家点头，嘴角上带着友好和多少有点儿不好意思的微笑。"

"玻尔的语调相当轻，略带丹麦口音，温和而彬彬有礼地讲着。当他解释他理论中的一些假设时，非常慎重地斟词酌句，比索末菲要慎重得多。他用公式表示的每一个命题都显示出一系列潜在的哲学思想，但这些思想只是含蓄地暗示着，从不充分明晰地表达出来。我发现这种方式非常激动人心；他所讲的东西好像是新颖的，但又好像不完全是新的。我们从索末菲那儿学过玻尔理论，而且知道有关的一些内容，但是听玻尔本人亲自讲却又似乎全不同了。我们清楚地意识到，他所取得的研究成果主要不是通过计算和论证，而是通过直觉和灵感，而且他也发现，要在格廷根著名的数学派面前论证自己的那些发现是很不容易的。"

玻尔第三次演讲时，引用了克拉默斯关于弱电场中氢谱线多重结构的详细计算。演讲结束以后，安排了一段听众提问、双方互动的时间。只见海森伯站起来，向玻尔提问。他选了一个曾经深入考虑过的问题，大胆地讲了自己的想法，并把推算结果告诉了玻尔。

海森伯在回忆中提到了这件事："我当时之所以想提出批评，只是想听听玻尔对我的批评有什么高见，这本身就极富趣味。而且，我还想看看玻尔的答复是不是遮遮掩掩，也想了解我的批评是否击中要害。"海森伯注意到玻尔对他的批评有些震惊，他的回答有些含糊其辞。但海森伯没有料到，讨论一结束，玻尔就邀请他一同去海茵山散步，说在散步中可以深入讨论一下整个问题。

　　这是海森伯第一次与玻尔交谈。玻尔说："如果对于原子结构下论断，我认为要非常严肃谨慎……我的模型是通过推测，但是却来自于实验而不是来自理论计算。我希望这些模型能够用来描述原子的结构，而不是像过去，只能用传统物理理论来描述。……也许我们必须研究一下'理解'这个词的真实含义究竟是什么。"

　　通过这次交谈，海森伯真正明白了量子理论奠基人之一的玻尔对理论的困惑，比其他人的感受要深得多。许多年之后，海森伯在《量子论及其解释》一文中，生动地回忆了这次散步。海森伯写道：

　　"整个下午，我们在林木茂盛的海茵山坡上边走边谈。那是我记忆中关于现代原子理论的基本原理及哲学问题的第一次详尽讨论，自然对我以后的事业有着决定性的影响。我第一次了解到当时玻尔对他自己的理论比其他物理学家更持怀疑态度；我还了解到他对原子理论结构的透彻理解并不是来自对基本假设的数学分析，而是来自对实际现象的深刻钻研。"

　　"从根本上来说，玻尔是位哲学家而不仅仅是物理学家。他懂得我们这个时代的自然哲学，必须在每个细节上都经受得住实验的无情检验，否则的话，便是微不足道的。"

　　谈话之后，玻尔邀请海森伯去哥本哈根工作。为此，玻尔特意找到海森伯的老师索末菲。经过协商，索末菲同意海森伯毕业以后，到哥本哈根去进修。至于助学金，玻尔承诺向"洛克菲勒基金会"提出申请。

　　事实上，海森伯的哥本哈根之行并不那么顺利，还有点儿小插曲。海森伯在慕尼黑的论文答辩分数较低，几乎毕不了业。原因是他在求学时期对实验问题钻研得不够。当著名的实验物理学家维恩教授向他提出一些有关光学仪器"分辨率"的问题时，他几乎回答不了。这曾使生性好胜的海森伯特别沮丧。

玻尔虽然极力邀请海森伯去哥本哈根工作，但海森伯暂时去不了。直到1924年春天，海森伯获得博士学位以后，才到哥本哈根工作。海森伯回忆说，"玻尔邀请我第二年春天到哥本哈根去访问几个星期。就这样，我开始了与玻尔亲密友好的合作，这对我是极为有益的。真是运气，这段时期正好是玻尔的量子理论遇到困难，而且是越来越令人困惑的时期；它的内在矛盾似乎越来越严重，把我们逼进了困境。然而在短短的几年时间内，一连串激动人心的惊人发现，才打开了解决问题的新局面。"

那年秋天，由于获得了洛克菲勒奖学金，海森伯再次来到玻尔身边做较长时期的工作。他和玻尔的"大弟子"荷兰物理学家克拉默斯合作，共同运用玻尔的"对应原理"来研究"光的散射理论"，于1925年提出了极具特色的量子力学的"矩阵表述形式"的基本原理，并且发表了论文。

1927年春，海森伯又一次访问哥本哈根时，提出了有关"测不准原理"的问题，他和玻尔经常进行通宵达旦的讨论，甚至是激烈的辩论。

在威尔逊云室的照片上，那白色的雾线，可以让人们精确地追踪电子在时空中的运动，这怎么解释呢？理论是完美的，实验是精确的，但它们却相互矛盾着。海森伯为此绞尽脑汁，而且还得和玻尔没完没了地争论。

两人几乎精疲力竭了。最后，玻尔决定到挪威奥斯陆去滑雪，暂停争论。这样，两个人都可以冷静地独立思考，而不必为每一点新的建议而反复争论。事后看来，这是完全必要的，其效果也出乎意料的好。等到他们在3月中旬重新见面时，都取得了决定性的突破。

海森伯用X射线显微镜这一实验手段，对运动的位置和速度进行了一系列的分析性研究，结果发现了著名的"测不准原理"——在微观领域里谈论一个粒子同时具有确定的速度和位置，是毫无意义的；对于诸如位置和动量、能量和时间这些物理量的不确定关系，正是量子力学中出现统计关系的根本原因。

海森伯等不得玻尔回来，也许担心又要没完没了地争论，所以玻尔从挪威滑雪回来时，他已经把论文寄走了。玻尔知道后很不满意，批评海森伯过于轻率，因为玻尔写论文极为严格，对每一个细枝末节都要求完美。

于是玻尔很快发现海森伯X射线显微镜讨论不确定性关系时，忽略了波的衍射性，只强调了光的量子性。因此，在他对海森伯做出高度评价的同时，也提出了深刻的批判。激烈程度超过了论文发表前那次。玻尔只同意海森伯的结论，却不同意他对这一关系的论述，主要还是在波粒二象性的认识和应用上，产生了分歧。由于双方都坚持自己的观点，争论变得异常激烈。

据海森伯回忆说，他由于受不了玻尔毫不含糊的追问，甚至哭了起来。后来，幸亏大家的调解，双方才就一些最重要的问题达成一致。两人探讨的是同一件事，不确定性关系只是玻尔互补原理的一个特例。海森伯让了步，同意在将要发表的论文上加一个附注，声明文章中有些要点被忽视了，它们将在玻尔即将发表的文章中进行更深入的讨论。

不久以后，海森伯的论文正式发表，他表示了对玻尔教授的感谢，感谢玻尔在"分辨率问题"上，对海森伯结论中的不妥当之处，给予的指正。

杨振宁在一次演讲中也提到测不准原理："量子力学的建立是一个奋斗结果，原因是量子论的观念中有许多似是而非的东西。后来通过海森伯的测不准原理，对量子力学才有了较深的了解。测不准原理中有复杂的数学原理，也有奥妙的哲学理念，它对20世纪哲学的发展有非常重大的影响。"

"玻尔特别喜欢思考哲学性的问题，例如：一个真理和一个很深的真理是不一样的，一个真理是对的，真理的反面是错的；一个很深的真理是对的，很深真理的反面也是对的。这包含了测不准原理的部分含义，这一类想法是玻尔最喜欢讲的，海森伯在玻尔那里做博士后研究工作时，提出的测不准原理是和玻尔辩论的最后成果。"

二战爆发后，海森伯回国。战争刚一开始，海森伯就应征入伍。当他从莱比锡赶到柏林时，并没有派他上前线，而是让他参加了用于战争的原子能的研究，后来他们那批人被称为德国的"铀俱乐部"。海森伯实际上成了其中最主要的理论家，而且他也参加了一些实验工作。

起初他们主要在柏林工作，到了战争的后期，柏林受到盟军的持续空袭，情况危急，便迁到了德国南部的山区。

海森伯在德国的境遇一直不太好，教育部认为海森伯是"一个在政治上有争议的人物，而且同国外犹太科学家及他们的追随者交往甚密"，纳粹德国宣传部还认为海森伯的一些言论和观点，从纳粹主义的立场上看，是不能接受的。因此，在1941年以前，海森伯一般是不准许出国演讲的。

到1941年9月，由于他的学生封·外才克尔的帮助和一些其他方面的原因，总算准他到丹麦去作科学研究方面的演讲，但只准他在哥本哈根停留几天，而且纳粹党的有关负责人一再强调："海森伯的形象不能过于突出。"

自1941年开始，海森伯在欧洲大陆穿梭往来，他访问一些大学、参观德意志文化研究所（纳粹德国宣传部在西欧被占领国设立的文化机构）和举行学术演讲。海森伯被描绘成一个"虔诚的德国人"。无论走到哪里，对于那些处于困境中的外国同僚，他常常不计个人风险，提供力所能及的声援和帮助。

1941年9月，海森伯与封·外才克尔再度来到哥本哈根。这次旅行，以及随后在海森伯与玻尔之间的谈话，属于20世纪科学界议论最多的一个事件。说法扑朔迷离，所持态度和评价也不一样。

有赞同的，也有反对的。像鲍尔斯，他向海森伯的姿态表示了敬意，他认为海森伯不仅冒着巨大风险将德国"铀项目"泄露给玻尔，甚至还尝试赢得玻尔的认同，携手一致为阻止原子武器的发展做些具体工作。而保罗·罗斯则认为，海森伯的旅行就像是一个"德意志文化帝国主义"的符号。

玻尔与海森伯之间的交谈没有留下记录。因为这个关系，大多数从事科学史研究的学者，想尽了办法，挖掘资料，试图根据海森伯和玻尔家族成员所提供的陈述以及同事友人的回忆，理清事实真相。

可是，这些人都没有参与他们之间的讨论，大都含糊不清。至于玻尔本人，除了被保存下来的11封信，什么都没说。而那些信件是战后写给海森伯的，但是一直都没有发出。直到2002年，这些信件才被公开发表。

当年，海森伯到哥本哈根拜见玻尔时，恰恰是希特勒军队在前线疯狂作战，节节胜利的时候。作为一个德国人，他负责德国研制原子武器的工作，从科学的角度他知道原子弹巨大的杀伤作用，他和德国科学家到底应该充当什么角色，从爱国的角度出发，很多问题都会困扰他。

1941年夏，海森伯从一份瑞典报纸上获悉，铀炸弹的研发工作在美国已经起步，美国人取得了多大进展，他们是否会在将来某一天拿这种武器对付德国，种种疑虑难以释怀，来哥本哈根拜见恩师的海森伯心烦意乱、忐忑不安。

在这种情绪的驱使下，海森伯眼前所呈现的，是将要付出沉重代价的原子弹制造业，似乎正在世界上开展竞赛。海森伯迫不及待地就铀炸弹专利问题，尝试着向玻尔表达他的观点。

多年后，海森伯在谈及他早先的想法时，说他希望同玻尔谈的，是关于在世界顶级物理学家之间达成一项防止原子武器竞赛的不公开协议。战后海森伯也承认，他当时的这个想法不乏天真和不切实际。

而玻尔，生活在一个被德国军队占领的国度里，他是反对纳粹的。他和海森伯不仅仅是师生关系了，掺杂了国家和民族利益等多种因素。在工作上，玻尔只能维持研究所的正常运转，在学术上，玻尔已经不能再引领物理学界的精英们叱咤风云了，他只盼望着丹麦的独立，民族文化的复兴。而盟军和美国方面核物理研究进展情况到底怎样，玻尔一无所知。他只有从公开的报纸上了解到众所周知的消息。

1941年的秋天，丹麦的"德意志文化研究所"举行"学术报告会"。这个研究所是纳粹设立在哥本哈根的德国科学学会，海森伯应邀到会上发表演讲。他带了他的学生封·外才克尔一起来到哥本哈根，在那个"研究所"发表了有关"天体物理学"的演讲。

这次活动虽然按惯例向玻尔和其他人发出了邀请，但遭到了大多数丹麦科学家的联合抵制，玻尔也没有参加。海森伯在会上公开表示，在听众中看不到玻尔他们，这使他很"遗憾"。很显然，这种表示非常不合时宜，似乎在责问他的老师。但过后，玻尔研究所将他请来，又做了一次演讲。

海森伯在玻尔研究所逗留了几个小时，和老朋友叙叙旧。于是海森伯就在研究所的"茶室"中吃了午饭。在席间交谈中，海森伯谈到了正在欧洲进行的这场战争，又不顾场合地发表了德国能够迅速取胜的言论。这一系列口无遮拦的样子，使大家对海森伯非常反感，玻尔的同事们在情感上难以宽恕他。

对于海森伯的举止言行，玻尔感到很不安。这对曾经情同父子的师生之间，已经多了许多难以沟通的障碍。尽管如此，他还是邀请海森伯到家中做客。战后，大家猜测，他们之间所讨论的热门话题，大概就发生在第二次到访的时候。但也有人认为，海森伯没有被邀请到玻尔家，谈话是在研究所进行的。

下面的谈话，是流传最广的，但不排除有后人加工演绎的痕迹：交谈一开始便触及了战事。海森伯为德国进攻波兰辩护，并且认为苏联很快就会被击败。玻尔则表示不同意，他对纳粹统治终结的强烈期盼超过了任何事情，对此海森伯很理解。希特勒的战争给玻尔的国家带来巨大伤害，这场讨论终遭失败也正缘于此。

海森伯将谈话主题引向其他方面，他建议玻尔不要和德国占领当局作对。听到海森伯的话，玻尔也搞不清楚海森伯的真实动机是什么，是希望他公开支持德国人、成为统治者的工具，还是担心他会受到纳粹的迫害。玻尔无法判断。终于，海森伯说到正题，他对玻尔讲了铀武器研究问题。海森伯问玻尔，他是否可以接受科学家在战争期间参与铀的研究这种事情。

直到那时，玻尔还认为制造原子弹的可能性并不存在，他以一种怀疑口吻反问："铀核裂变可以被用于制造武器吗？"海森伯肯定地回答："我所能确信的是，这在理论上是具备了可能性的，但是要付出巨大的技术代价，德国和盟国任何一方都有希望，在不太久的将来，这种武器有可能被用于这场战争。"玻尔对海森伯的话感到震惊，但对这句话的后半部分，玻尔半信半疑。

此时的海森伯，身份不同往日。他以纯正的日耳曼血统和物理学上取得的成就被希特勒任命为第三帝国"铀计划"总负责人。玻尔非常清楚不能再像以前那样畅所欲言了。从海森伯的只言片语中玻尔终于了解到他正担负着一项绝密的计划，制造一种利用核裂变反应的高能炸弹。

海森伯本人其实也正陷入了一场前所未有的痛苦之中，为了祖国他是一定要把原子弹造出来的，为了全人类又不应该造出来。他这次来访是想邀请玻尔加入他们的核计划，但也可以理解为有意把这个计划透露给玻尔。

战后，玻尔在写给海森伯的那些未发出的信函中，曾几度提到，海森伯的话使他相信，德国的"铀项目"已经取得了相当进展：

"从你那些含糊暧昧的词语表达中，我不得不留下一种绝对深刻的印象，那就是在你的领导之下，德国正在准备展开对原子武器有条不紊的研发工作。你说谈论细节是没有必要的，因为在最近的两三年里，你已或多或少地被委以全权，专门从事此项工作的前期准备。"

在另一封起草的信函里，玻尔又往前跨了一步。他确信，自己的回忆是符合实际的，海森伯曾将有关原子弹研发的信息以一种"相当突然的"方式告诉他，"但愿战争持续的时间足够长，战争将取决于原子武器，在这一点上，我没有感到你和你的朋友们的努力会将其引往其他发展走向的丝毫迹象"。

在结束讨论时，海森伯试探着向玻尔询问，是否能够就阻止发展原子弹的问题与所有相关物理学家另行沟通，玻尔却认为关于这个话题的谈论现在应该适可而止了，他的反应是愤怒和激动的。

根据海森伯所言："或许玻尔认为，如果世界上所有的物理学家都坦言：我们没有在造原子弹，那才是我想要听到的话。但是在同一时刻，他感觉到那是一种十分不切实际的想法。在我的角色定位方面，几乎被认为是赞成希特勒的规划或愿望的。"

"许多优秀物理学家都已经去了美国，如此众多的科学界精英云集在那片土地上，其中所意味的是什么，美国人当然能够理解。因而可以说，美国人如果不利用这个自我创造的优势来超越希特勒，那才真是不切实际。我相信我已经就这个问题对玻尔提供了如此意义的反馈，同时我还有一个反应，那就是玻尔是正确的，联合世界范围内物理学家集体抵制原子武器的研发，实际上是脱离现实的。"

"希特勒已经将这些杰出人才驱赶到美国去了，所以，如果他们投身于原子弹的制造，那么他也是不会感到惊讶的。但同时我还产生了另一种感觉……如果我们造出了原子弹，我们将给世界带来一个非常之糟糕的改变……对所有同样可能发生的事情，我心存恐惧。"

两人间的交谈戛然而止。但是，海森伯和玻尔的谈话却给后人留下了一个谜，进入了物理学史话解谜的备忘录。

玻尔仍然第三次邀请了他。在玻尔的寓所里，海森伯一如既往地在高谈阔论，还即兴演奏了钢琴，但是他们都在回避曾经谈过的那个话题。一次内容事关重大的对话，从此走入历史的迷雾，两位伟大学者之间的友谊也遭到了难以弥补的破坏。

可以想见，在那样的暴政下，多有地位的知识分子也是无能为力的。关于海森伯做过的一些事，他有一种说法，认为他是为了保住"德国的科学"。当然，有人批判他说，这种论调极具巧言令色的诡辩味道。

后来的事实证明，德国人的铀计划，在规模和先进程度上无法与盟方相比。

但是德国人一向是以自己的先进学术而自豪的，尤其是海森伯，他不肯相信盟方物理学家能走到他们前面。当最后被盟军特种部队俘获时，他还表示可以用自己在铀研究方面的知识来和盟方"合作"。

当盟方没有任何表示时，他还以为别人没听懂他的话。后来听到美军原子弹在日本爆炸的消息时，他和他的同伴们还认为，不可能是真正的原子弹，不过是盟方的虚假宣传而已。

最后证明那确实是原子弹爆炸的时候，这才引起他们一阵思想大乱，全面崩溃。于是聪明的封·外才克尔设计了一种最冠冕堂皇的"理由"，来为德国科学家们没有制成原子弹进行辩护。那种"理由"流行了一段时间以后，因为没人相信，逐渐被人们淡忘。

据海森伯的回忆是这样的："当我到玻尔那拜访他，直到傍晚散步时，我才把制造原子弹的危险课题提出来同他讨论。由于意识到玻尔已被德国人监视，我说话时极其慎重。我暗示说，现在建造原子弹原则上是可能的，但那需要技术上做出巨大的努力和尝试，而且物理学家们也许应当问问自己，他们是否应该在这个领域里工作。遗憾的是当我稍微触及制造原子弹的可能性时，玻尔就马上表现得十分震惊，以致顾不上去领会我的话中最重要的部分……"

战前那种亲密如父子、兄弟的关系，彼此毫无猜忌的激烈争论与坦诚的态度完全消失了，战争毁灭了人类之间的信任、合作，毁掉了友情。

据海森伯自己说，他十分担心科学家全力以赴地投入精力，去研究原子弹，那将会给人类带来毁灭性后果，因此希望敌对双方的科学家都不要参与研制原子弹的工作。由于至今尚不明白的原因，他们两个人很快结束了谈话。很可能玻尔对海森伯采取了冷漠、猜疑甚至很不友好的态度。

海森伯回忆道："也许是由于德国军队残暴地占领了他的国家，他充满了无可非议的痛苦，以致对物理学家们之间的国际协议不抱任何希望。我感到最大的痛苦是，看到我们的政策是如何使我们德国人完全陷于孤立，并认识到战争是如何破坏有史以来存在的友谊……"

海森伯心情沉重地回到德国，而玻尔则更加忧虑地生活在哥本哈根。

战后，玻尔本人对这次谈话三缄其口，什么也没说。外界传闻很多，一时间闹得沸沸扬扬，至今仍然说法各异。

但有一件事实是没有争议的，那就是"会谈"的结果使玻尔很激动。一向不爱发脾气的他似乎很生气。可以推想，谈话的内容肯定不便和别人谈起，包括最亲密的人在内，因此人们只能从神色上看出他很"生气"。

这本来也算不了什么，如果没有后续的发展，事情也就过去了，然而后来的发展却引起了相当复杂的争论。

在战争结束以后，原子弹就成了全世界的热门话题。一时之间，这方面的书籍也纷纷出现。德国有一位容克先生，本来是新闻记者之类的人物，他写的一本书叫做《比一千个太阳还亮》，记述了原子弹的制造等问题，一时颇为流行，特别是书中引用了海森伯的信，谈到了"科学家的良知"的理论，也谈到了他当年的哥本哈根之行。据他们说，当年玻尔"误会了"他们的原意等等。

这使玻尔及其弟子们十分恼火，在他们的指责和反驳声中，以及世界上其他真正有"良知"的科学家们的评论之下，容克的书后来被公认，是一本有严重缺陷的书，后来那本书已经声名狼藉了。容克本人也承认了错误，自称太轻信海森伯等人的话。

容克的书引起了玻尔的不满，他写信质问海森伯。但是海森伯的答复一直闪烁其词，这更加引起了玻尔一方的不满。尤其是封·外才克尔，他在哥本哈根的口碑是相当差的。有一次他从丹麦回国时宣称丹麦的"朋友们"的观点有所改变，有些赞成他的说法了，等他下一次再来哥本哈根时，玻尔的助手罗森塔耳当众质问他，他所说的"丹麦的朋友"到底是谁，把那位能说会道的封·外才克尔弄得非常尴尬。

罗森塔耳是在玻尔一生中任职时间最长的助手，而且正是在丹麦被占领的期间，人称玻尔的"副官"。他是在波兰出生的犹太人，本来在莱比锡随海森伯学习，后来海森伯介绍他来到哥本哈根，因此他常说海森伯救了他一命。他当然可以算是"哥本哈根之谜"的知情人。

关于"哥本哈根之谜"，世界上的议论一直没有完全断绝。甚至英国官方的情报单位，也对此事作过一些认真的调查和分析，但人们一直认为这是一个"谜"，原因就是当时没有任何文字纪录。

1962年玻尔逝世以后，俄文刊物《物理科学的成就》出了纪念专号，苏联科学院院士、诺贝尔物理学奖得主塔姆为该专号写了前言，在前言中，他介绍了玻尔在莫斯科的一段言论，其大意是：1941年秋天，有一位杰出的德国物理学家来到哥本哈根，他认为希特勒在不久的将来必将征服全世界，因此劝我们不要那么坚决地反对纳粹，应该为了在将来的希特勒帝国中占有一席之地而适当地和他们合作。

当人们读到这段介绍时不免会问，那位"杰出的物理学家"到底是谁？大家认为就是海森伯。

这段话虽然出自塔姆的转述，而不是直接出自玻尔之口，但是对照其他各方面的资料，可以相信这确实是玻尔的原意，而不是塔姆无中生有。

一个很难解决的问题是当时海森伯是否和玻尔公开地或暗示地谈到过原子弹，以及谈到什么程度，至少在玻尔的信稿中，表示他所得到的印象是海森伯自称已经掌握了原子能的秘密。

事实上，海森伯在一次会见德国军工方面的负责官员时，没敢提到原子武器的问题，因为他确认那是没把握的事。

关于海森伯等人自称有"科学家的良知"所以不肯制造原子弹那样凶残的杀人武器，这一辩解也有分析证明是假的。

二战结束期间，美国针对德国人的铀计划，派了一支特遣队，逮捕了包括海森伯在内的一些科学家，把他们送到英国，拘禁了将近一年，他们受到优厚的待遇，但是他们的谈论受到监听。后来监听记录已经公开出版，因此是重要的史料和证据。

从这段生活在"金笼子"里的监听记录可以知道，海森伯等科学家互相埋怨，把没造成原子弹的责任推给某一位实验物理学家，说没造成原子弹全怪他"做错了实验"。如果真是故意不愿意研究原子弹，大家就不会责怪他了。这种分析不无道理。

还有一个难以解决的问题，就是海森伯得到了谁的授权才敢向玻尔这样的人物谈起原子武器的研究，这在当时来说，可是一个既隐秘又危险的问题。玻尔在未付邮费的信稿中已经十分明确地指出了这个问题。只是玻尔的信件没有付邮，但即使正式寄出也不太可能得到任何明确的答复。

那天，海森伯同玻尔的谈话结束后，封·外才克尔曾向海森伯询问谈话情况，海森伯回答说："全弄拧了。"

在那次谈话的20年后，在玻尔写给海森伯的信中仍能让人们感觉到，玻尔没有将海森伯在公开场合与私下谈话区别开来，也许，他根本就不想区别开来。从一开始，玻尔就没把他当成朋友或保护者，而是把他视为占领军的代表。只是海森伯根本就没有意识到这一点，说明海森伯在政治上不够敏锐，更缺乏细致的感情。

战后，封·外才克尔在美国见到玻尔，并问起那次的谈话情况。玻尔仍说："哎，随他去吧。我知道，在战争期间，人人都是为了自己的祖国。"

5. 原子弹与和平利用核能

玻尔除了研究量子力学，还花了很大的精力研究原子核的相关问题。从20世纪30年代开始，一路走来，有了巨大突破，30年代中期玻尔提出了核的液滴模型，这也是受到早年研究"液体表面张力"的启示，认为核中的粒子类似液滴中的分子，建立了核的滴液模型，用来解释一些实验现象，这是历史上第一种相对正确的核模型，可以说又是一个创新性的突破。

在此基础上，玻尔在1936年提出了复合核的概念，认为低能中子进入原子核内部以后，将和许多核子发生相互作用而使它们被激发，就会导致核的蜕变。这种简单而又形象的关于核反应机制的描述，至今仍有它的价值。

迈特纳和弗里施根据哈恩等人的实验结果，提出了重核裂变的观点，玻尔等人立即支持这个观点，并且对裂变过程进行了更为详细的研究。研究之后，玻尔又有了令人惊叹的预言，由慢中子引起裂变的是铀-235而不是铀-238。并且在1939年，玻尔和惠勒在《物理评论》上发表了论文。

从复合原子核和原子核的液滴模型出发，结合物理统计的方法，建立和发展了原子核裂变理论。这对原子能的应用起到的奠基作用，被科学界认为是这一期间核物理学方面的重要成就。玻尔这方面的研究对日后人们利用核能的大规模释放，发展原子弹具有重大意义。

但是，从1940年希特勒入侵丹麦之后，玻尔就不了解英国和美国在研究原子核裂变方面的进展了，这些研究都是在高度保密的情形下进行的。

而英国人援救玻尔也是希望他能在研制核武器方面发挥作用。玻尔一到英国，原子能事务大臣安德森爵士就会见了他。谈话的核心，就是邀请玻尔为英国工作，并且作为英国的代表加入到美国的"曼哈顿工程"中去。

英国研制原子弹工程代号叫"管材合金工程"，而美国的则为"曼哈顿工程"。从当时的研发情况看，进展迅速，成功指日可待，或者说能够推出诞生的时间表，不会超过两年。玻尔知道这些后，感到非常惊讶。

想起来，正是玻尔本人在4年以前，把原子核裂变的学术研究信息带到美国，而他没有想到的是，竟然在费米教授领导下，完成了原子核自持链式反应的实验。玻尔感慨万千。

一开始，英国在核武器研制方面是走在前面的，在1939年参战后，就开始了原子武器的研究。但由于英国卷入战争太深，加上德军的轰炸，影响了这项工作的进展。

而美国卷入战争较晚，在日本突袭珍珠港事件损失惨重之后，才向德、意、日轴心国宣战。同时，罗斯福总统下达命令，集中一切人力和物力，加快原子能武器研究的速度。后来居上，竟然追上了英国，并且已经取得了突飞猛进的成果。

在这种情形下，为了共同的利益，英国和美国决定克服各种障碍，在原子能研究上开始合作。1943年8月魁北克会议后，两国有了实质性的合作，成立了"联合政策委员会"，并保证在委员会成员内全面交换情报，并开始进入具体实施阶段。美国已建造了大规模生产核裂变原料的工厂，而英国当时的情况，很难做到这一点，于是英国把"管材合金工程"的大部分科技人员派到美国，加入"曼哈顿工程"，携手合作研制核武器。

从表面上看合作得相当融洽，但英国人知道，这种合作关系很微妙，潜伏着许多不可控因素。为了提高英国在合作中的分量和地位，把玻尔派往美国正符合英国人的这种心理和目的。

玻尔整理了一下自己的思路，经过考虑，同意了英国的建议。但玻尔以惊人的政治敏感，想到了核能对未来的影响，意识到核能技术如何利用会引发一系列问题，原子武器研制成功后给人类带来什么，不能不令人忧虑。

如果盟国先研究出铀武器，战争形势肯定向有利于盟国方向发展时，那么战后盟国的合作能否继续存在下去？由于意识形态方面的差异和对立，这种合作恐怕不能维系，但目前原子武器的研制却是在合作的基础上进行的，这使玻尔看到了希望，国际间的合作是有可能的。

于是玻尔提出建议，盟方之间应该互相信任，英美应该将目前的研制成果通报给苏联，当然具体技术可以保密，这样可以加深信任，并且在战后继续合作而不是对抗，如果现在不抓住时机表达合作的真诚愿望，等苏联人自己研制出原子弹后，才开始进行国际上管制原子弹的研制，那会非常被动，而且联盟可能由此分化和瓦解。

玻尔一再对安德森爵士说，美国和英国能制造原子武器，苏联肯定也会。玻尔虽然是科学家，但他敏锐的认识，远远超过了当时的政治家。政治家们考虑彼此的利益更多些，自然妨碍了他们的视线。

玻尔以科学家的正直和诚挚，以及对世界未来的忧虑，坦诚地说出了自己的观点。幸好，安德森爵士十分理解，他既注重英国当前的利益，也十分重视英国长远的前景，他与玻尔很快就取得了共识。

尤其是玻尔对"苏联也会很快掌握原子武器技术"这个判断，使安德森爵士认识到原子武器国际管制的重要性。于是，安德森爵士请玻尔到美国以后，将这个观点表达给罗斯福总统，希望他能采纳玻尔的意见。

不久，玻尔的儿子奥格·玻尔也赶到了英国。11月28日，玻尔和儿子奥格乘火车到达格拉斯哥，第二天一早乘"阿奎坦尼亚号"前往美国。玻尔的身份是英国管材合金董事会顾问，奥格是科学事务办事员。另外同行的还有几位物理学家，其中包括当时未被发现的苏联间谍福克斯。

玻尔知道自己的身份和处境，他也知道，"在制造原子弹方面，美国科学家是用不着我帮忙的"。但玻尔出于科学良知，知道自己应该做什么。他已经打定主意，要竭尽全力使原子能"为全人类造福，而不要成为文明的威胁"。

12月6日，玻尔一行顺利到达纽约。奥格后来回忆了当时初到美国的情景："我们一到纽约，他们就要求我父亲改用假名尼古拉斯·贝克，而我也成了詹姆斯·贝克。发给我们的证件也是这两个名字，刚到美国时，经常有一个武装人员陪在我们身边，我们在美国境内旅行时，也一直有一个保镖陪同。保镖之间还要换班，接班的那一位还得签署回单，说明交接时情况良好。"

尽然安全措施很严格，但有时也会出现一些小麻烦。有一天玻尔和奥格去一家成衣店做衣服，量尺寸时摘下手表，走的时候忘记带上，奥格就回去寻找。表倒是找到了，可表上刻的名字是"玻尔"，而给店里留下的名字是"贝克"，结果麻烦来了。

奥格说他是玻尔先生的秘书詹姆斯·贝克，只要打电话给丹麦大使馆找玻尔先生就可以消除误会。可是打电话时玻尔正好不在，由一位使馆人员接的电话。回话说："玻尔先生的秘书也姓玻尔。"这下更麻烦了，店主觉得两个人都在说谎。奥格只好说留下的名字是假名……店主总算把表还给了奥格，但严厉地警告他，在美国使用假名是违法行为。

在美国，有许多玻尔的老朋友，他们大多集中在美国研制原子武器的大本营里。玻尔曾经去过几次。其中一个叫洛斯阿拉莫斯的实验室，位于新墨西哥州荒山中，洛斯阿拉莫斯是一条人迹罕至的峡谷，它的东部是绵延起伏的桑格里德克雷斯托山脉，西部和北部是吉美兹山冈的丘陵地带。峡谷底部的荒漠上，竖立着一些仙人掌，似乎在诉说着孤寂而悲壮的苍凉。实验室就建在一座由死火山形成的高地上。

当玻尔的老朋友们在这所军营般的实验基地见到他时，高兴极了。奥本海默在战后一次演讲中说了一段话，足以表达了大家当时的心情。

当时，奥本海默是洛斯阿拉莫斯实验室的总负责人，他说："玻尔并没有在洛斯阿拉莫斯住，但他到那儿访问了好几次。他对理论和整个计划都有极大的兴趣，对于年轻的科学家来说，玻尔是公认的科学之父，玻尔在洛斯阿拉莫斯出现引起了不可思议的作用。玻尔在这儿起的作用并不在技术方面，而是使这个看上去如此可怕的杀人事业似乎有了希望。"

正像他说的那样，大家都知道原子武器毁灭性的威力，科学家的良知，常常使他们怀疑自己的行为是对人类的犯罪，同时，那些严格的保密措施和高强度的工作压力，已经麻木了人们的心灵。玻尔的出现，如春风吹来，似乎让这些年轻科学家的价值认同感得到了回归。

有人还回忆说："玻尔很健谈，以轻蔑的口吻提到希特勒，说他只有坦克和飞机，却企图奴役欧洲1000年。他说，这一类事永远也不可能再发生了。他自己高度相信结局是良好的，而且他看到科学家的客观性和合作性将会在这方面起有益的作用。我们大家都很愿意相信他所说的一切。"

理论物理学家维斯科夫的回忆更是准确地表达了他们的感受，他说："在洛斯阿拉莫斯，我们干的工作也许是一个科学家所能面临的最值得怀疑的、最成问题的事。当时我们热爱的物理学被推入现实中最残酷的领域，而我们只能忍受这一点。我们大多数是年轻人，没有多少人生经验，正是在这样的情况下，玻尔突然在洛斯阿拉莫斯出现了。"

在洛斯阿拉莫斯，人们都亲切地称玻尔为"尼克大叔"，称奥格也用詹姆斯的昵称"杰姆"。许多人仍然不习惯玻尔的新名字。在一次非正式的聚会上，维斯科夫提到了"著名的玻尔原理"，话一出口，他立即木讷地说："啊，对不起，是尼克拉斯·贝克原理。"在场的人听了，都哄堂大笑。

来美国一段时间之后，玻尔为原子武器对未来的影响更加忧虑。虽然研制工程浩大，对综合实力要求很高，但任何一个具有科研能力而又不愿沦为二流的国家，都能在不久的将来掌握这项科学技术。

假如这种技术被一国垄断，那么，对于别国的独立和主权，必然构成一种强大的威胁。玻尔深知原子战争的灾难性，也预见到了核军备竞争的危险性。他下决心，一定要促使罗斯福总统和丘吉尔首相在使用原子弹之前，先通报苏联，并建议尽早进行原子能的国际合作和监控。玻尔认为，事关重大不可延误，必须抓住现在的历史机遇，否则，这将意味着核军备竞争已经开始了。

玻尔希望早点见到罗斯福总统，于是，请美国最高法院法官法兰克福特作引见人。法兰克福特是维也纳犹太人，总统私人顾问之一，也是罗斯福的密友。1933年玻尔为救援从德国逃离的科学和文化界名人，在英国见过他，那时就建立了友谊。

1943年12月的一天，法兰克福特邀请玻尔到最高法院休息室共进午餐。但二人不能随便谈论曼哈顿工程，这是高度保密的。

后来，法官回忆这次谈话时说："我躲躲闪闪地提到X计划，盘算着如果玻尔也参与了此事，他就会明白我也知道一点关于这个计划的内情……开始，他也顾虑重重，含含糊糊、闪烁其词地回答我的一些提问。

但很快就明白了对方的意思，有了共识，我们都深受希特勒纳粹主义的威胁，又都如此热切地参与共同的事业，怎么能一点真情都不透露呢？"法兰克福特继续写道，"玻尔于是向我表示，他深信X计划可能成为人类最大的福利之一，但也可能成为最大的灾难。"

1944年4月份，当玻尔从洛斯阿拉莫斯回到华盛顿后，法官高兴地告诉玻尔说，总统"很希望在处理这个问题上得到各种帮助，很愿意会见你。"法官还告诉他，总统"授权我告诉你，可以告诉伦敦的朋友们，总统非常想探讨与原子弹研制有关的适当保障。"玻尔得知这一消息，十分高兴，觉得他的想法有实现的可能，因而与儿子奥格满怀希望地回到伦敦，想拜见丘吉尔首相。

玻尔虽然有政治家的敏感性，但他根本不懂政治家的思维方式。实际上，在会见法兰克福特以后，"罗斯福已经采取了行动，排除了玻尔的国际处理方式。"

同时，罗斯福还怀疑法兰克福特法官知道曼哈顿计划的事，是不是玻尔向他泄露了机密。并且，罗斯福还误以为玻尔是代表英国来转达丘吉尔有关原子弹研制、使用和管制的一些想法，认为英国政治家们只是在利用玻尔而已。

玻尔是一位高度信任他人的人，并不知道罗斯福让他给丘吉尔传话只是外交辞令。于是他和奥格满怀希望地来到伦敦，乘坐军用飞机再次横跨大西洋。到达伦敦之后，仍然由安德森爵士接待，并向丘吉尔转告玻尔带来罗斯福总统的话。

丘吉尔这时正忙于进攻希特勒的作战计划，很难抽出时间，而更重要的是，他不想见玻尔，让丘吉尔放弃原子弹的垄断权，向老对手苏联公布机密，这是绝对不可能的。

经过几个星期的漫长等待，玻尔的热情受到打击。直到5月间，丘吉尔才同玻尔谈了话。在玻尔到达伦敦之前,安德森爵士曾劝说丘吉尔接受玻尔的建议,因此丘吉尔知道玻尔要谈什么。

会面时,玻尔只讲了30分钟,丘吉尔不喜欢玻尔的讲话风格,既啰唆又含有批评的意思,非常坚决地转移了话题,玻尔无法继续谈下去,感到非常沮丧。在和丘吉尔告别时,玻尔请丘吉尔允许他写一封信交给首相,以表达自己的看法。丘吉尔回答说:"我将十分荣幸能收到您的信,……不过不要谈政治。"

玻尔走后,丘吉尔恼怒地对彻韦尔爵士说:"他讲的是什么!是物理还是政治?"还说,"当你在唐宁街把他介绍给我时,我对这个人就不喜欢,瞧他那披头散发的样子。"

玻尔后来也很恼火地对一位朋友说:"真可怕,在英美两国那里没有任何人,致力于解决原子武器诞生后导致的问题,他们完全没有准备。……认为俄国人不能做到别人能做到的事,完全是荒唐的。核能从来就不存在什么秘密。"

5月22日,玻尔写了一封信给丘吉尔,讲述了在会见时未能讲清的一些意见。丘吉尔正忙于诺曼底登陆战役,没有给玻尔回信。玻尔又在伦敦待了几个星期,正赶上1944年6月6日盟军越过英吉利海峡,在诺曼底成功登陆。

盟军的胜利使他们非常激动和兴奋,这预示着回到祖国的日子已经不远了。玻尔父子又回到了华盛顿。但原子武器未来的境况,一直困扰着他,与丘吉尔会面之后,更增加了他的忧虑。

到华盛顿之后,玻尔立即向法官法兰克福特谈了与丘吉尔会面的情况,法兰克福特立即转告了罗斯福总统。总统没有会见玻尔,只是请他就这方面的问题归纳成一份备忘录。

玻尔在备忘录里是这样写道："原子弹的发展在今后年代里将带来什么样的结果，是最富想象力的人也无法想象出来的……如果不尽快缔结一项条约，保证对这件新的放射性武器的使用实行监督，那么由于普遍安全就会受到威胁，眼下巨大无比的好处在将来会丧失殆尽……"

直到这年8月26日，玻尔才见到罗斯福，谈了大约半个小时，会见结束出来，他觉得罗斯福比丘吉尔要理解他一些。

9月18日，罗斯福与丘吉尔在第二次魁北克会议见面，双双不仅没有接受玻尔的建议，反而达成一项决议，为防止原子弹秘密的泄露，应将玻尔置于特工部门监视之下。丘吉尔和罗斯福两人签署了外交备忘录，其中有这样的决定："将原子弹的事通知全世界，以期在它的管制和应用方面达成国际协议的建议是不可接受的。这个问题应该继续看成是最大的秘密。"备忘录上还写道，"必须对玻尔教授的活动进行调查，并采取步骤以保证他不会对情报的泄露负有责任，特别是泄露到俄国。"

丘吉尔在与罗斯福会晤后，写信给彻韦尔爵士，让他调查一下玻尔对曼哈顿计划到底知道多少，还说他和罗斯福总统都十分关注玻尔与法兰克福特法官以及苏联物理学家卡皮察的关系。在结尾时，丘吉尔又写道："在我看来玻尔应该受到拘禁，至少要让他知道他离犯重罪很近了。"

丘吉尔和罗斯福都认为玻尔是个难缠的对手。对玻尔如此不信任，还有一个原因，就是玻尔写给罗斯福总统的备忘录，其中有这样一段话："各国科学家之间的私人联系甚至提供了最有利的机会，可以马上建立一种暂时的非官方接触……"玻尔是否真会这做，罗斯福和丘吉尔很不放心，他们最后达成共识，要不惜一切代价实行技术垄断，保住原子武器的机密。

还有一件事，也使玻尔受到怀疑和敌视。原来玻尔逃到英国后，他的朋友苏联物理学家卡皮察(1978年获诺贝尔物理学奖)带信给玻尔，请他到苏联去居住。虽然玻尔没去，但有这种可能。

如此复杂的前前后后，玻尔并不知道内情。他还想向罗斯福总统施加影响，可惜总统于1945年4月12日，因脑出血去世。罗斯福逝世后，玻尔把目标转向了国务卿马歇尔，希望他接受自己的建议。但玻尔无奈地发现，他已经无法像当年说服科学家们那样说服政客。

1961年，玻尔在苏联访问时才知道，当年提出"开放性"国际合作构想的时候，除了英美政治领袖之外，在苏联的领导核心层，也不欢迎玻尔，他和爱因斯坦都被苏联归入"资产阶级反动派"一类。

玻尔对和平利用核能的努力，虽然毫无起色，但他的远见卓识，对许多政治家和科学家已经产生了影响，这是玻尔的伟大之处。

历史有自己的时间表，核武器随着它的诞生，改写了二战的历史进程：1939年第二次世界大战开始，德国立即着手研究核裂变的军事应用。

1942年，美国启动研制原子弹的曼哈顿计划，奥本海默为实验室主任，玻尔是参与者。又过了3年，1945年7月16日，世界上第一颗原子弹在新墨西哥州阿拉多荒漠上爆炸实验成功，8月将原子弹用于战争，投向日本广岛一枚铀弹，三天后又投向长崎另一枚钚弹。

虽然德、日战败投降结束了第二次世界大战，但两次核爆炸造成了巨大破坏，十几万人丧命。原子弹空前的杀伤力使全世界感到震惊，那些研制原子弹的科学家们也感到深深的内疚，玻尔事先所预感到的不幸变成了现实。

原子弹爆炸之后，对有关科学家的行动限制也解除了。

8月11日玻尔首先在英国《泰晤士报》发表了一篇题为《科学与文明》的短文，文中写道：通过原子核裂变所释放的巨大能量，意味着人类力量的一次真正革命。这种可能性的实现在每个人心中必然呈现出一个问题：自然科学正把文明引向何方？为此，他再次呼吁对这种新能量形式实行国际控制，并要求各国科学家自由公开地交换技术情报和建立国际间合作。玻尔又写了一篇类似的文章刊登在美国《科学》杂志上。

上述两篇文章的发表，可以说是玻尔对自己在"和平利用原子能"方面所做的努力，进行了一次历史性总结。

战事结束后，玻尔急着返回丹麦，6月玻尔从美国回到伦敦，妻子玛格丽特也从丹麦赶来迎接他，妻子带来的消息使玻尔非常高兴，物理研究所在德军占领期间，只是丢失了一些私人财物，实验设备和仪器都没有损坏。

8月25日，玻尔夫妇一起回到离别两年的祖国。到达丹麦的当天晚上，玻尔就发表了广播讲话，丹麦人民庆祝玻尔回国的场面热烈而感人。第二天一早，玻尔就骑上自行车到研究所上班了。

玻尔忙了起来，面对原子时代的到来，他立即筹划丹麦和北欧其他国家联合起来，共同发展原子能技术。他开始提高和改善研究所的技术条件、引进人才等等。不久，研究所又恢复了兴旺繁荣的景象。

1950年，玻尔发表第一封致联合国公开信，继续提倡"开放性世界和合理的和平政策"，为了控制核武器，各国人民及其思想都必须自由交流。在把这封信交给联合国秘书长特里格夫·赖伊后，玻尔又把它印了几千份，寄给了国家元首和各国大使等人。

1951年，曾经在理论物理研究所工作过的同事们在剑桥聚会，大家达成共识，筹建欧洲核子研究中心，并计划于一年后建成。威斯考甫对玻尔所做的贡献给予高度评价："假如玻尔不支持欧洲核子研究中心，并且不积极参加它的活动，假如他不与大家坐在一起考虑每一个细节，那么欧洲核子研究中心永远也不可能建成。"

1952年，14个国家的代表在哥本哈根举行会议，经过协商达成一致意见，成立欧洲原子能委员会，玻尔被推选为第一任主席，实验室设在日内瓦。实验室建成之前，其成员留在哥本哈根理论物理研究所工作。在玻尔的倡导和努力下，欧洲物理学家终于跨越了国界，超越了政治，组成了一个科学研究联合机构，玻尔国际间科学合作的理想，终于在欧洲大陆实现了。

1954年，美国总统艾森豪威尔在玻尔的思想影响下，终于认识到核能科学国际合作的重要性。在美国的推动下，联合国设立了国际原子能机构。

1955年8月，联合国在日内瓦举行和平利用原子能国际会议，有72个国家的1200名代表参加了会议。玻尔致开幕词——《物理学与人类》：

"这次会议的宗旨，是促进将极其巨大的新能源造福于人类的国际合作。这一新能源是由于对原子世界的研究而获得的。我能在这样的会议上发言，感到十分荣幸。我同样感谢邀请我来，谈谈对包括我们在内的自然界进行观察时，我们作为观察者所能得出的普遍教训。"

"显然，我们深刻地认识到扩大知识的重要性，由此我们就可以增强对自然的控制。事实上，在目前的情况下，我们的整个文明面临着最严重的挑战，这就要求调整各国人民之间的关系，以求确保消除现存的空前危机，使世界各国人民可以齐心协力用获得的科学成就为自己谋福利。"

也是这年，10月7日，玻尔70周岁生日。丹麦皇家科学协会隆重举行庆祝大会。国王向玻尔表示祝贺的同时，授予他丹麦一级勋章，并且又宣布：由于玻尔杰出的科学功绩，政府和皇家科学协会决定设立玻尔国际金质奖章，以他的姓氏命名，每3年颁发一次，用于奖励在和平利用原子能方面做出贡献的工程师和物理学家。

1957年10月，玻尔获得福特基金会设立的第一届"原子为了和平"奖，表彰玻尔为原子能和平利用所做出的巨大贡献。在华盛顿美国科学院举行的隆重授奖仪式上，美国总统艾森豪威尔发表了讲话：

"在向玻尔博士表示敬意之时……我们公认了他作为科学家和伟大公民的地位。因为他在全世界迫切需要的原则上，以友好的精神进行科学探索，在和平利用原子能以满足人类的需要方面，做出了榜样。"

玻尔不但揭开了原子结构及其裂变之谜，从而开创了人类历史的原子时代，他还是一位维护世界和平、禁止核武器的先驱者，为科学技术的国际合作与和平利用原子能，做出了卓越的贡献。人的一生能在科学和社会这两个不同的领域里，都取得巨大成就，从而对世界进程产生影响，在历史上是不多见的。

6. 永远活在世人心中

玻尔终生在科学和社会两个领域里辛苦操劳，1962年夏天，他病了。

当时，玻尔在妻子玛格丽特陪同下，到德国的林道去参加一年一度的诺贝尔奖获奖者的聚会。途经科隆时，他应邀为科隆大学实验遗传研究所的开幕式发表演讲，题目是《再论光和生命》，然而，这次讲演成了玻尔一生中的最后一次演讲。

在随后继续赶往林道的途中，玻尔感到身体有些不舒服，他们只好返回丹麦。玻尔住进医院，诊断为轻微脑中风，治疗后，又疗养了一段，身体康复。8月1日，玻尔在家中庆贺了他和玛格丽特的金婚。这时他的身体状况可以允许从事轻微的工作，于是他想把在科隆的演讲稿做了一次修订，可惜这件工作没有完成。

9月30日，玻尔和玛格丽特去意大利，在阿玛尔菲度过了一个愉快的假期。10月7日人们还为玻尔举行了77岁生日。10月27日他们回到哥本哈根家中。

11月17日，玻尔接受了历史学家库恩等人的采访，为量子物理学史档案收集资料。采访过程中，玻尔还录制了5盘录音带。

11月18日星期天，当第5盘录音带录完时已到中午，玻尔感觉有些疲惫，午饭后，他上楼到卧室休息。过了一会儿，玛格丽特听见玻尔在楼上喊她，急忙跑上楼冲进他的卧室，发现玻尔躺在床边，已经不省人事。

在他书房的黑板上，留有两幅草图，是他头天晚上和几位物理学家谈话时画的。上面一幅是两个相交的平面，用以表示互补性概念的阐释；下面一幅是爱因斯坦光子盒。这些草图似乎在人们面前展示了一幅恢弘的量子物理学发展的历史画卷，诉说着玻尔与爱因斯坦两位科学巨人的不解之缘，他们共同创造了物理历史上的辉煌。他们在天堂相聚了，也许又开始了新的世纪之辩。

玻尔被安葬在阿西斯腾教堂公墓他父亲克里斯蒂安·玻尔的墓旁。

玻尔逝世后，许多国家以及有关机构给丹麦皇家科学协会拍来无数唁电。12月14日隆重举行纪念玻尔的大会。

玻尔逝世使整个科学界都深感震惊和悲痛。由苏联著名科学家们署名的悼词中指出："伟大的丹麦科学、思想家、现代原子论和玻尔原子核理论的创立者玻尔逝世的消息，使全世界的物理学家深感震惊。玻尔的原子物理基本规律的思想对这门科学近半个世纪的发展产生了如此巨大而罕见的影响，人们失去了玻尔这样一位天才的科学家和思想家、争取和平和争取各国人民之间相互谅解的战士、全人类的朋友。"

人们以各种各样的方式纪念这位科学巨人。在哥本哈根，到处都是他的身影，他仍然和大家在一起，他创办的哥本哈根理论物理研究所现在被命名为玻尔研究所，一条大学的街道被叫做玻尔大街，在他出生的房子镶有一块纪念铭牌，他的族徽挂在腓特烈堡的皇家宫殿中，那里还陈列着他的雕像和画像。1995年5月15日，国际理论及应用化学委员会决定，将新发现的第107号元素命名为

Bohrium，以纪念玻尔。

然而对玻尔更好的纪念，就是珍视和继承他留给后人的精神财富。玻尔热爱科学、勇于创新、追求真理、造福人类的思想和精神，作为人类文明的遗产，永存世界人民的心中。

、附

录

玻尔生平

玻尔全名玻尔·亨瑞克·戴维·玻尔。丹麦人，1885年10月7日生于丹麦首都哥本哈根，信仰犹太教。由于受到家庭环境的熏陶并得到良好教育，他知识面宽、视野广阔，养成了勇于探索的精神、敏捷的思维，以及对科学知识的运用能力。

玻尔毕业于哥本哈根大学数学和自然科学系。学生时代就显示出科研才华，大学二年级参加了一次科学论文的应征活动。玻尔自制实验装置，研究水的表面张力，并且，通过实验取得了精确数据，撰写成他的第一篇科研论文，在理论方面改进了物理学家瑞利的理论。玻尔一举成功，首次独立进行的科学研究不同凡响，荣获丹麦科学院颁发的金质奖章。

1909年获科学硕士学位。1911年5月，以长篇论文《金属电子论的研究》获哥本哈根大学哲学博士学位。并且获得卡尔斯伯基金会的资助，出国深造一年。他选择了英国剑桥，拟在汤姆逊指导下继续研究金属理论，但是玻尔未能如愿。

于是玻尔在1912年3月，离开剑桥来到曼彻斯特，从师卢瑟福。在科研工作中，他试图解释原子结构方面的问题，但他发现一些经典物理理论存在着缺陷和矛盾，这引起了玻尔极大的探索欲望。经过认真研究和思考，他产生了创新的想法，撰写了一篇论文提纲，交给导师卢瑟福，这就是被后人称之为《卢瑟福备忘录》的经典论文，从此载入史册。

这年7月底，玻尔离开英国返回故乡，与妻子玛格丽特举行了婚礼。玻尔婚姻生活很幸福，一生都与家人保持着良好的关系，特别是他的妻子对他帮助很大。玻尔在教育子女上也特别成功，他的第四个儿子奥格，日后也成为著名的核物理学家，并且获得1975年度诺贝尔物理学奖。

玻尔在恩师卢瑟福的支持下，做了大量深入的研究，提出了新的原子模型，于1913年写成论文，后来被称为玻尔理论。这个理论成功地解释了氢光谱，并排出了新的元素周期表。预言了皮克林和福勒发现的几条光谱线不是氢的，而是属于氦的。

玻尔把目光集中在研究原子光谱的规律上，根据巴耳末公式找到了突破口，创新了关于原子结构的理论。并以《论原子构造和分子构造》为题，在英国的《哲学杂志》上发表了论文。由于文章很长，分为三次发表，被后人誉为"伟大三部曲"。这是一个划时代的创举，由此奠定了玻尔原子结构理论的基础。

玻尔理论震惊了世界物理学界，引起巨大反响和争议。但玻尔成功地找到了方法，用实验事实证明了新理论的正确性。1918年，在丹麦科学院院报上用英文发表长篇论文《论线光谱的量子论》，详细阐述了"对应原理"的思想。1920年应普朗克之邀访问柏林，第一次会见爱因斯坦。玻尔在演讲中正式引用了"对应原理"一词，表明对"光量子假说"认定的观点。

玻尔的名气越来越大，几年来不断被诺贝尔奖委员会提名为候选人。

哥本哈根大学采纳了玻尔的建议，开始筹建研究所。直到1921年3月3日，哥本哈根大学理论物理研究所正式落成。玻尔就任所长，直到去世前四十多年的时间里，在他的领导下，吸引了世界各地众多杰出的青年科学家纷至沓来，并且成绩卓著，其中包括海森伯、泡利、赫维西、狄拉克等十多位诺贝尔奖获得者都在研究所工作过。使该所成了世界上著名的学术中心之一，也被人们誉为量子物理学的"圣地"。

同时，在玻尔的率领下，创立了哥本哈根学派和哥本哈根精神，这对人类科学界来说，是一份宝贵的历史遗产。其内涵之深，成就之多，不仅独创了历史的辉煌，即使在今天看来，也是物理学史中最有影响的伟大贡献。

1922年6月，玻尔到德国格廷根大学讲学。由于极大的成功，后人把这次访问誉为"玻尔节"。他在格廷根见到了青年才俊海森伯和泡利，并以独特的伯乐眼光，邀请他们到哥本哈根理论物理研究所工作。两个人果然不负众望，成为哥本哈根学派的主力，作为玻尔的左膀右臂，日后，又双双获得诺贝尔物理学奖。

1922年底，玻尔荣获诺贝尔物理学奖。此奖意在表彰他对原子结构理论和原子辐射方面所做的重大贡献。

1927年，玻尔在布鲁塞尔第五届索尔维会议上，与爱因斯坦进行了第一次公开的学术辩论，由此，与爱因斯坦的友谊也开始了。

玻尔在1927年首次提出了互补性观点，用于探讨关于物理学和哲学的一些问题。其基本思想是，任何事物都有许多不同的侧面，对于同一研究对象，一方面，承认了它的一些侧面就不得不放弃其另一些侧面，在这种意义上它们是"互斥"的；同时，某一侧面却不可完全废除，因为在适当的条件下，二者是依存的，从这种意义上说二者又是"互补"的。

玻尔的互补原理充满了哲学智慧，是一条可以广泛应用的哲学原理。因此他说，互补性是因果性的合理推广。尤其是在他的晚年，深化了这种观点，并且还论述了物理科学、生物科学、社会科学和哲学中的很多问题，对西方学术界产生了极其重要的影响。

玻尔的哲学思想受到了许多学者的拥护，当然也受到另一些学者的反对。围绕这些问题，爆发了历史上很少有先例的学术大论战，这场论战持续了几十年，至今仍无定论，而且还将继续下去。这也体现了科学发展的必然规律。

玻尔一生得到过很多荣誉，除诺贝尔物理奖外，还获得英国、美国、德国、挪威等国给予科学家的最高荣誉，还被丹麦政府授予终身住宅，人称"荣誉府"。玻尔得到的各种学术头衔、名誉学位等等比任何一位同时代的科学家都多。

他十分热爱自己的祖国，谢绝各种外来的高薪聘请，一心把哥本哈根理论物理研究所建成世界一流的科学研究基地，使一个500多万人口的小国，诞生了物理学的国际中心。他一生不断进取和创新的精神，以及高尚的人格魅力，为后来人树立了光辉的榜样。

1936年，玻尔提出原子核的"液滴模型"，阐述原子核裂变的机制，成了这一领域的重要发现。由于玻尔的研究，为核能利用铺平了道路。

1939年，玻尔当选为丹麦皇家科学文学院院长。

第二次世界大战开始后，希特勒纳粹迫害犹太人。玻尔等人在丹麦组织了"支援逃亡知识分子委员会"，救援犹太科学家。

德国军队在1940年占领了丹麦。玻尔持反对纳粹分子的观点，不与侵略势力妥协，这使玻尔的处境更加危险。在地下组织和英国人的帮助下，玻尔逃出了被纳粹占领的丹麦，取道瑞典前往英国。随后，代表英国以管材合金董事会顾问身份去了美国，参与了研制原子弹的工作。同时，试图影响英美当局及早和苏联达成控制原子武器的协议，但未能说服那些政治家。

1947年，丹麦政府为玻尔颁发"宝象勋章"。为了领奖，玻尔亲自设计了自己的族徽，他采纳了朋友的建议，中心图像选用了中国道家的"太极图"，形象地表示了自己的"互补哲学"。

玻尔是丹麦的骄傲，在他60周岁、70周岁生日时，全国大范围举办了庆祝活动。并且为此建立了40万克朗的独立基金，用来鼓励各种科学研究活动。国王授予他丹麦一级勋章。政府和科协还设立了铸有他头像的玻尔金质奖章，用来奖励那些有卓越贡献的物理学家。

在战后的岁月里，玻尔为"原子能实行国际性控制"四处奔忙，此后一直积极致力于推动原子能的和平利用。1950年，发表长篇的致联合国的《公开信》，呼吁世界和平，提倡国际合作，以建成一个"开放的世界"。后来在和平运动方面还做了大量工作。1957年，荣获美国福特基金会第一届"原子为了和平"奖。

1962年11月18日，玻尔因心脏病突发，在丹麦的卡尔斯堡寓所逝世，享年77岁。去世前一天，他还在工作室的黑板上画了当年爱因斯坦那个光子盒草图。

玻尔去世三周年时，为了纪念他，哥本哈根大学理论物理研究所改名为玻尔研究所。

1997年国际理论与应用化学联合会正式通过将第107号元素命名为Bohrium，以纪念玻尔。

巨人的身影虽然走进了历史长河，但给后人留下的生命足迹是永不磨灭的。

获奖辞

（瑞典皇家科学院诺贝尔物理学委员会主席　阿雷纽斯）

陛下，殿下，女士们，先生们：

自从1860年基尔霍夫和本生提出光谱分析以来，这个极为重要的研究方法已经取得了丰硕的成果。开始的时候，人们收集资料，研究地球上物体的光谱和来自天体的光谱，成就辉煌。后来，研究进入了第二阶段，试图找出光谱结构的物理规律。开始的时候，人们自然是想把发光气体的不同谱线与固体振荡的不同频率相比拟。在这种情形下，发光气体中的振荡体应该是气体中的原子和分子，但是，沿着这个方向的研究进展不大，需要另寻其他办法，即通过计算来建立气体发出的各种振荡之间的联系。氢是最简单的气体。1885年，瑞士的巴耳末提出氢光谱的一种简单关系式。从这以后，许多科学家在这方面做了许多研究。例如凯瑟(H．Kayser)，荣格(C．Runge)，里兹(W．Ritz)和德斯朗土(H．Deslandres)，特别是我们的同胞里德伯(J．Rydberg)，他在其他化学元素的光谱中，也发现了类似的规律，里德伯成功地表述了这些元素的光振动，其公式与巴耳末的相似。公式中有一个很重要的常数，即里德伯常数，这是一个基本的普适常数。

如果我们知道了原子结构，那对于建立氢原子的光振动概念将是一个良好的开端。卢瑟福曾经深入地研究过原子的奥秘，建立了

"原子模型"。按照他的观点，氢原子是由一个体积很小的带有单位正电荷的核，和一个带有负电荷并在核周围旋转的点电子组成。核与电子之间有电的相互作用和万有引力相互作用。电子轨道应当是椭圆或者是圆形的，核在椭圆的一个焦点上或在圆的中心。如果把核比作太阳，那么电子就像一颗行星。按照麦克斯韦的电磁理论，电子的运动将产生光辐射而损耗能量，于是电子的旋转周期将要缩短，轨道将越来越小，其运动轨迹将是一条螺旋线，最后将落到核上。这样，振动周期不断缩短的辐射对应的应该是一条连续光谱，这种光谱是固体或液体的光谱，但绝不是发光气体的光谱。因此，不是原子模型错了，就是麦克斯韦的经典理论错了。如果是10年以前，我们会毫不犹疑地宣布，原子模型错了。但是，1913年，当玻尔研究这个问题时，柏林的普朗克提出了新的辐射定律。这个定律的概念与以前的概念完全相反，它要求热能以"量子"的形式辐射，即，以一个个"小包"的形式辐射犹如物质是由原子组成的那样。普朗克的这个假设完全是根据经验做出的，但却成功地算出了假想的绝对黑体辐射的能量分布。后来，爱因斯坦在1905和1907年发展了量子理论，并推出固体的比热随温度下降而减小的规律和光电效应的规律。爱因斯坦因此获得了诺贝尔物理学奖。

在这种情形下，玻尔在进行选择时就没有更多的犹疑。他认为，麦克斯韦的理论不实用，并不是卢瑟福的模型不正确。当电子绕带正电的核在圆形轨道上旋转时，电子并不发光，只有当电子从一条轨道跳到另一条轨道上的时候才发光。这时辐射出的能量就是一个量子。按照普朗克的理论，能量子是光振动频率乘以普朗克常数(用h表示)，用它可以计算轨道跃迁时对应的振动频率。巴耳末发现的氢光谱的规律，要求不同轨道的半径正比于整数的平方（如1，4，9）等等。对此，玻尔在他的第一篇论文中，根据已知量(氢原子量，普朗克常数和单位电荷)，成功地计算出里德伯常数，其计算值与观测值只相差百分之一。最近的测量又缩小了这一误差。

玻尔的工作立刻引起了科学界的广泛的注意。索末菲指出，氢光谱线的精细结构，即用高分辨率分光仪可以观察到的数条极为靠近的谱线，可以用玻尔的理论作如下的解释：如果我们不考虑最里层的电子轨道，即静轨道。那么，电子运动的各稳定轨道就不仅可以是圆的，而且可以是椭圆的，其长轴等于相应圆轨道的直径。当电子从一椭圆轨道跃迁到另一轨道时，其能量的变化及其相应的谱线波长不同于从一圆形轨道跃迁到另一个轨道时的数值，因而有两条不同的谱线，它们靠得很近。但是，我们观察到的谱线数少于理论预言观察到的数目。

这样一来，又出现了困难。但是，玻尔引进了对应原理，克服了这一困难。对应原理开辟了有重大意义的新前景。这个原理在一定的程度上使新的理论与经典理论的关系更密切了。根据对应原理，某些跃迁是不可能的。这个原理对于确定比氢原子重的原子中的电子轨道十分重要。氦原子核的电荷是氢原子的两倍，在中性状态时，它有两个电子。氦是除氢以外最轻的原子。氦有两种不同的形态，一是仲氦，比较稳定；另一是正氦。最初曾认为它们是两种不同的原子。对应原理表明，在仲氦的静轨道上有两个电子沿着彼此成60度角的圆形轨道上运动，而正氦两个电子的轨道在同一平面上，一个是圆形的，一个是椭圆形的。原子量大于氦的锂，在中性状态时有三个电子。按照对应原理，最里层的两个电子的轨道与仲氦完全一样，另一个电子的轨道是椭圆形的，而且比里层的轨道大得多。

最重要的是，玻尔用对应原理能够确定其他原子中各电子的轨道状态。原子的化学性质决定于最外层的电子轨道状态，原子的化学键也部分地确定于这些轨道状态。

我们对于这项伟大的工作的未来发展，寄予了最美好的期望。

玻尔教授，您成功地解决了光谱学家们提出的问题。在解决这些问题中，您用了完全不同于麦克斯韦经典理论的概念。您的伟大成就表明，您找到了通向真理的正确道路。您建立的原理取得了辉煌的成就，未来的研究工作也将取得丰硕的成果。我们衷心祝愿您在未来的岁月里，在您开辟的研究领域里，为科学的发展做出更大的贡献。

获奖时代背景

每年的12月份，瑞典首都斯德哥尔摩都会成为全世界科学界的焦点，原因就是一年一度的诺贝尔奖将在这座美丽的城市颁发。而谁能摘得1922年度的诺贝尔物理学奖这项桂冠成为了当时全世界物理学界尤为关注的焦点。因为这个奖项在1921年成为了空缺。

1921年，爱因斯坦已经被诺贝尔物理学奖提名许多次了，然而每次他都没能真正获得这个奖项，屡次被提名而又屡次落选的爱因斯坦是否能在这一年凭借他的相对论获得诺贝尔物理学奖这项桂冠随着诺贝尔奖颁奖典礼的到来而成为了焦点中的焦点，关于爱因斯坦的相对论是否能够得奖的这个问题业界历来存在很大的争议，由于似乎多次被提名，又屡次落选，他的相对论能否获奖这个问题，一直存在很大分歧。特别是1921年，对于这个问题的争议使得这一年的诺贝尔物理学奖成为了空缺。

从1921年的12月到1922年的12月期间，诺贝尔物理学奖提名次数最多的有两位科学家，一位是爱因斯坦，一位是玻尔。因而，到了1922年，谁能获得诺贝尔物理学奖就成了世界科学界的焦点。

事实上，早在1909年，德国著名化学家奥斯特瓦尔德就提名爱因斯坦为1910年诺贝尔物理学奖候选人，推荐理由是爱因斯坦狭义相对论的伟大贡献。在这之后，奥斯特瓦尔德又于1912年、1913年再度提名爱因斯坦。

1912年，爱因斯坦被德国物理学家普林斯海姆强力推荐为诺贝尔物理学奖的候选人，普林斯海姆推荐爱因斯坦的理由依然是他在相对论方面的成就，为此，普林斯海姆还写了一句十分有分量的话："我相信诺贝尔奖委员会很少有机会为一件具有类似意义的工作而颁奖。"

从物理学的发展来看，普林斯海姆的话非常准确。然而令人遗憾的是，诺贝尔奖委员会没有将诺贝尔物理学奖颁给20世纪最伟大的理论——相对论的发现与提出者爱因斯坦。这一点被公认为是诺贝尔奖颁奖史上最大的遗憾。

1919年，英国日食远征考察队以确凿的观测，证明了爱因斯坦的新引力定律后，提名爱因斯坦的科学家越来越多，比如瓦尔堡、劳厄、普朗克等人，原因是广义相对论；瑞典的物理化学家阿列纽斯也因布朗运动提名爱因斯坦为获奖候选人。

甚至连一开始劝爱因斯坦"不要搞什么广义相对论，即使搞出来了也没有人信"的普朗克，也在1919年1月因广义相对论的成就而提名爱因斯坦为获奖候选人，理由是他迈出了超越牛顿的第一步。

1919年9月荷兰物理学家洛伦兹，写信给埃伦菲斯特说："日食观测的结果是对相对论最光辉的证实之一，而且也很适于铺设通往诺贝尔奖的道路。"

1919年11月，英国皇家学会会长汤姆逊郑重宣称："爱因斯坦的引力理论是牛顿以来最为重要的进展，是人类思想上最高的成就之一"。

1919年，玻尔也第一次提名爱因斯坦，他特别提到相对论是"第一位的和最重要的"，还说，"在这里，我们面临着物理学研究发展中最有决定性意义的进步"。

1921年，普朗克在一封简短而有力的信中，再次提名爱因斯坦因为广义相对论的贡献为获奖候选人，还有许多著名科学家如爱丁顿、赖曼等等，都提名爱因斯坦。瑞典乌普萨拉大学的奥席恩提名爱因斯坦因光电效应获奖。

委员会让乌普萨拉大学的眼科医学教授古尔斯特兰德写一份关于广义相对论的评价报告，让阿列纽斯写一份关于光电效应的评价报告。

古尔斯特兰德对物理学一无所知，更别说相对论了，他曾私下对人说："绝对不能让爱因斯坦获奖，哪怕全世界支持他！"结果可想而知，这个医学教授严厉批评了相对论，说它们根本没有被实验严格证实。

阿列纽斯对于爱因斯坦获奖仍然不支持。他说，如果真要因光电效应颁奖，就应该给予实验物理学家。他还建议，1921年干脆不颁发物理学奖。结果，1921年没有颁奖给物理学，而其他4项奖照常颁发。这也是诺贝尔奖史上的一次非常奇特的行为。也是这次奇特的现象，使得1922年诺贝尔物理学奖的获得者成为了世界科学界的焦点。

玻尔年表

1885年10月7日，玻尔出生于哥本哈根，父亲是哥本哈根大学的生理学教授，从小受到良好的家庭教育。

1903年，进入哥本哈根大学数学和自然科学系，主修物理学。

1907年，玻尔研究水的表面张力的论文获得丹麦皇家科学院的金质奖章，并先后于1909年和1911年分别以关于金属电子论的论文获得哥本哈根大学的科学硕士和哲学博士学位。随后去英国学习，先在剑桥汤姆逊主持的卡文迪什实验室，几个月后转赴曼彻斯特，从师卢瑟福。

1912年，玻尔发现经典物理学理论在阐明微观现象方面存在严重缺陷，赞赏普朗克和爱因斯坦在电磁理论方面引入的量子学说，并且创造性地和卢瑟福原子模型结合起来。提出新的观点，写成《卢瑟福备忘录》。

1913年初，任哥本哈根大学物理学讲师。写出了《论原子构造和分子构造》的长篇论著，成功地解释了氢原子的结构和性质。被称为"伟大的三部曲"，发表后引起轰动。

1914年，应卢瑟福之聘，到曼彻斯特任讲师。

1916年，返回丹麦，任哥本哈根大学理论物理学教授。

1917年，当选为丹麦皇家科学院院士。

1918年，在丹麦科学院院报上发表长篇论文《论线光谱的量子论》的第一、第二部分，提出"对应原理"的思想。

1921年，玻尔发表了《各元素的原子结构及其物理性质和化学性质》的长篇演讲，阐述了光谱和原子结构理论的新发展，诠释了元素周期表的形成，对周期表中从氢开始的各种元素的原子结构作了说明，同时对周期表上的第72号元素的性质作了预言。

1921年3月3日，哥本哈根大学理论物理研究所正式落成。玻尔任所长直到去世，并使该所成为世界著名的学术中心和量子物理学的"圣地"。

1922年，玻尔的第四子奥格出生，后来成为著名的核物理学家，获1957年度诺贝尔物理学奖。同年6月，玻尔到德国格廷根讲学，第一次见到海森伯和泡利，并且邀请他们到哥本哈根工作。第72号元素铪的发现证明了玻尔的理论。年底，玻尔荣获1922年度诺贝尔物理学奖。

1923年，玻尔接受英国曼彻斯特大学和剑桥大学名誉博士学位。

1927年，在意大利科摩市的一次学术会议上提出了关于量子力学诠释的"互补性"观点。同年10月，在第五届索尔维会议上和爱因斯坦针对测不准原理进行了第一次公开的学术辩论。

1930年10月，爱因斯坦在第六届索尔维会议上提出了关于"光子盒"的假想实验，玻尔进行了十分精彩的应辩。

1931年，丹麦政府授予玻尔终身住宅——"荣誉府"。

1933年，希特勒在德国上台。玻尔等人在丹麦组织了"支援逃亡知识分子委员会"。

1935年3月，爱因斯坦及其合作者们提出量子力学描述的"完备性"问题(EPR论证)。6月，玻尔用相同的标题在相同的刊物上撰文进行学术探讨和争论。

1936年，提出原子核的"液滴模型"。

1937年，玻尔到中国访问和讲学。

1939年，玻尔任丹麦皇家科学院院长。第二次世界大战开始，丹麦被德国法西斯占领。

1943年，玻尔为躲避纳粹的迫害，离开祖国，经瑞典到达英国。

1944年，玻尔代表英国，在美国参与了原子弹的研制。

1947年，丹麦政府为了表彰玻尔的功绩，封他为"骑象勋爵"。

1950年，发表致联合国《公开信》，呼吁世界和平，提倡国际合作。后来在和平利用核能方面做了许多工作。

1952年，玻尔倡议并筹建了欧洲原子核研究中心。

1955年，玻尔参加创建北欧理论原子物理学研究所，任管委会主任。同年丹麦成立原子能委员会，玻尔任主席。

1957年，获得美国福特基金会设立的第一届"原子为了和平"奖，由美国总统艾森豪威尔授奖。

1961年5月，最后一次访问苏联。

1962年11月18日，玻尔因心脏病突发在丹麦的卡尔斯堡寓所逝世，享年77岁。

获奖当年世界大事记

（1922年）

8月2日，贝尔电话公司的创始人、"电话之父"亚历山大·格拉汉姆·贝尔去世。贝尔于1876年3月10日与同事试验了世界上第一台可用电话机，两年后，贝尔成立了贝尔电话公司。

9月11日，英国政府宣布巴勒斯坦为英国的"委任统治地"，由此，阿拉伯国家宣布这一天为悼念日，默声抵抗西方势力。

10月，贝尼托·墨索里尼率领"意大利国家法西斯党"的军事力量组织"黑衫军"向罗马进军，发动全国范围的暴乱，夺取了意大利政权，自任为内阁总理，由此开始了他21年的法西斯统治。

11月，诺贝尔奖委员会将1921年空缺的诺贝尔物理学奖颁给了对相对论做出巨大贡献的爱因斯坦。由于推荐爱因斯坦为当年诺贝尔物理学奖候选人的推荐信陆续增多，推荐爱因斯坦的科学家也逐渐增多，这个时候的形势已经不是爱因斯坦单方面盼望获得诺贝尔奖，而是如果诺贝尔奖委员会不得不将诺贝尔奖颁给爱因斯坦了，甚至有人认为如果爱因斯坦不先得到这个奖项，那么这个奖项就无法考虑其他的候选人。在这种情况下，诺贝尔奖委员会接受了普朗克的建议，将1921年空缺未颁的诺贝尔物理学奖颁给了爱因斯坦。

11月17日，奥斯曼帝国苏丹穆罕默德六世在英国军队的保护下携着自己的小儿子登上英国军舰逃走，历时623年的奥斯曼帝国宣告灭亡。奥斯曼帝国地处东西文明交汇之处，对东西方文化的交流与融合有着重要的影响，于第一次工业革命时期之后开始走向衰落，第一次世界大战的战败加速了奥斯曼帝国的衰亡，直到穆斯塔法·凯末尔·阿塔蒂尔克领导的国民运动获得了土耳其独立战争的胜利之后，苏丹制被废除，奥斯曼帝国彻底瓦解，土耳其共和国成立。

12月30日，列宁在第一次苏维埃代表大会上提议成立苏维埃社会主义共和国联盟，简称苏联，由俄罗斯联邦、白俄罗斯、乌克兰、南高加索联邦四个苏维埃社会主义共和国发起，之后发展成为了由15个社会主义国家组成的联盟，包括哈萨克斯坦、阿塞拜疆、亚美尼亚、塔吉克斯坦、爱沙尼亚、格鲁吉亚等。